Vocabulario en diálogo

María de los Ángeles Palomino

enCLAVE ELE

PRESENTACIÓN

Esta obra tiene como objetivo presentar, de forma práctica y motivadora, el vocabulario básico del español, integrado en contextos reales de comunicación en los cuatro ámbitos que recomienda el *Marco común europeo de referencia*: personal, social, profesional y académico.

El libro puede usarse en clase y también en casa, para reforzar el aprendizaje autónomo, ya que al final de la obra se incluyen las soluciones de los ejercicios. Además, los diálogos que dan entrada a las unidades se encuentran grabados en el CD de audio que acompaña al libro.

La obra, con un total de veinte unidades, presenta el vocabulario, agrupado por situaciones, en contextos reales, integrados en la comunicación habitual. Cada unidad consta de cuatro páginas.

En la primera se presenta el vocabulario de un determinado tema o situación en contexto, mediante un diálogo y un estímulo visual.

En la segunda se encuentra una lista de las palabras relacionadas con el tema o situación que se estudia en la unidad. Se han agrupado en campos semánticos y/o funciones lingüísticas, ya que es ésta una estrategia básica de autoaprendizaje, que recomienda el *Marco común europeo*. Estas palabras se pondrán en práctica en las dos páginas de ejercicios. Finalmente se ofrece un anexo con documentos gráficos auténticos que ayudan a consolidar el aprendizaje de vocabulario básico.

En las páginas tercera y cuarta se ofrece un conjunto de ejercicios para practicar y consolidar el aprendizaje de esas palabras.

Al final del libro se ofrece la clave con las respuestas de todos los ejercicios incluidos en las unidades.

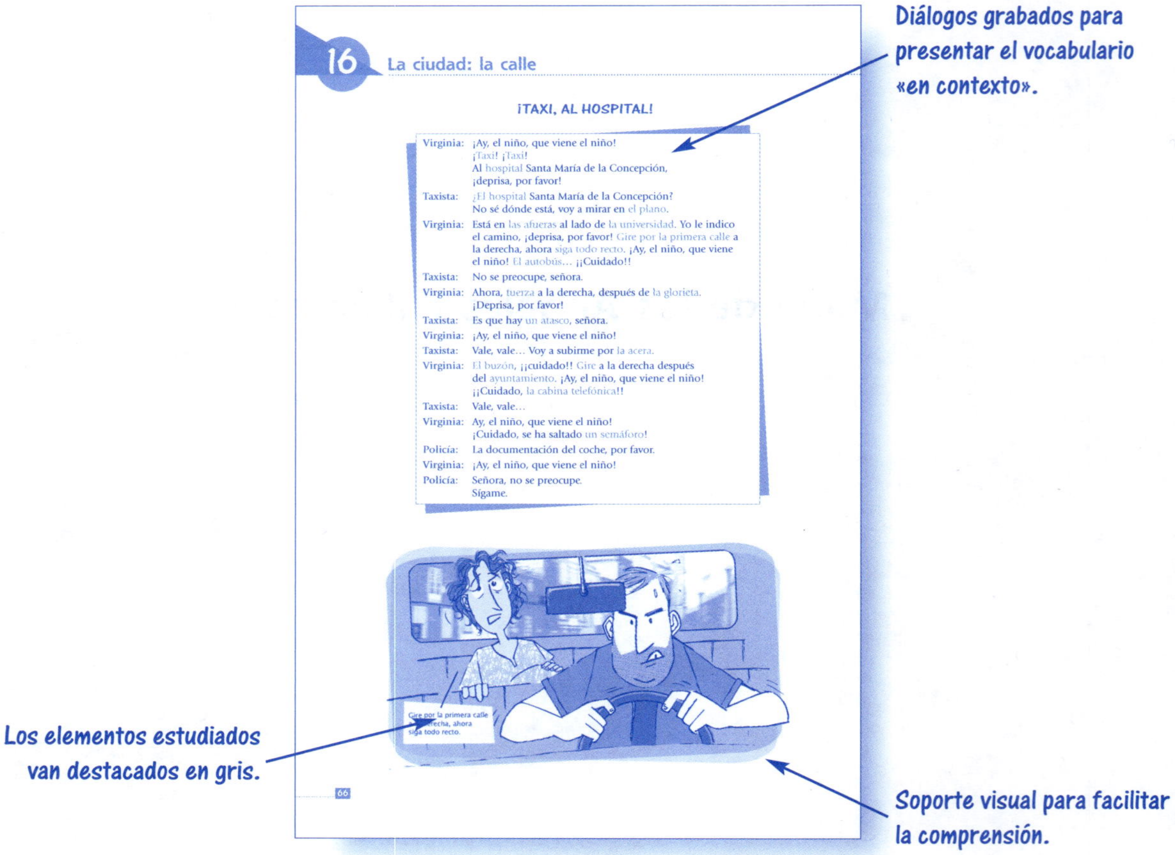
16 La ciudad: la calle

¡TAXI, AL HOSPITAL!

Virginia: ¡Ay, el niño, que viene el niño! ¡Taxi! ¡Taxi! Al hospital Santa María de la Concepción, ¡deprisa, por favor!
Taxista: ¿El hospital Santa María de la Concepción? No sé dónde está, voy a mirar en el plano.
Virginia: Está en las afueras al lado de la universidad. Yo le indico el camino, ¡deprisa, por favor! Gire por la primera calle a la derecha, ahora siga todo recto. ¡Ay, el niño, que viene el niño! El autobús... ¡¡Cuidado!!
Taxista: No se preocupe, señora.
Virginia: Ahora, tuerza a la derecha, después de la glorieta. ¡Deprisa, por favor!
Taxista: Es que hay un atasco, señora.
Virginia: ¡Ay, el niño, que viene el niño!
Taxista: Vale, vale... Voy a subirme por la acera.
Virginia: El buzón, ¡¡cuidado!! Gire a la derecha después del ayuntamiento. ¡Ay, el niño, que viene el niño! ¡¡Cuidado, la cabina telefónica!!
Taxista: Vale, vale...
Virginia: Ay, el niño, que viene el niño! ¡Cuidado, se ha saltado un semáforo!
Policía: La documentación del coche, por favor.
Virginia: ¡Ay, el niño, que viene el niño!
Policía: Señora, no se preocupe. Sígame.

66

Dirección editorial: Raquel Varela
Coordinación editorial: Brigitte Faucard
Revisión: Cándido Tejerina Martín
Ilustración: Enrique Cordero
Diseño de cubierta: DC Visual
Diseño y ejecución de maqueta: Alinéa

 – ISBN: 2-09-034315-X – Depósito legal: Julio 2006 – N.ª de editor: 10.121.702

LA CALLE

la acera
la avenida
la calle
la calle peatonal
el cruce
la esquina
la glorieta

el paseo
el paso de cebra
el peatón
el puente
la plaza
la plaza mayor
la señal de tráfico

la multa
el semáforo
el tráfico

la boca de metro
la parada de autobús

el autobús
el coche
la moto
el metro
el taxi
el tranvía
el tren de cercanías

MONUMENTOS Y EDIFICIOS

Transporte
el aeropuerto
la estación

Diversión
la biblioteca
el cine
el jardín público
el museo
la oficina de turismo
el parque
la piscina
el teatro
el zoo

Estudios
el colegio
el instituto
la universidad

Otros
el ayuntamiento
la catedral
el cementerio
la comisaría
el hospital
el hotel
la iglesia
el mercado
la oficina de correos
el parque de bomberos
el rascacielos

TRANSPORTE

el aparcamiento
el atasco
la carretera de circunvalación
el carril-bici

VERBOS

aparcar
circular
cruzar
girar, torcer
pasear
perder el autobús
saltarse un semáforo
seguir recto
visitar
vivir

ADJETIVOS

antiguo, antigua
comercial
moderno, moderna

OTRAS PALABRAS

las afueras
el barrio
el buzón
la cabina telefónica
el casco antiguo
el centro
la fuente
el habitante
la manzana
la papelera
el plano
las zonas verdes

Prohibido aparcar.

Listas de vocabulario: recogen las palabras del tema o situación tratado en el diálogo. Sirven para realizar los ejercicios propuestos a continuación.

5 ¿Qué tiempo hace?

Está lloviendo.

6 Relacione.

a. Estamos a cinco grados bajo cero.
b. Llueve a cántaros.
c. Está nevando.
d. ¡Qué bueno hace hoy!
e. Estamos a treinta y dos grados.
f. Hoy hace mucho sol.
g. El granizo ha cubierto la carretera.
h. ¡Tengo que ponerme el abrigo!
i. ¿Vamos a la playa?

1. HACE BUENO.
2. HACE MALO.

7 Conteste diciendo lo contrario.

1 ¿Hace frío? — No, hace calor.
2 ¿El cielo está despejado? — ____
3 ¿Hace bueno? — ____
4 ¿Estamos a cinco grados sobre cero? — ____

8 Complete las frases con las palabras de la lista.

sol llover temperaturas parte hielo nevado sombra

1. Según el parte meteorológico, mañana va a nevar.
2. Hoy es muy peligroso circular en coche porque hay ____ en las carreteras.
3. ¿Me prestas tu paraguas? Va a ____.
4. Ha ____ en la sierra, vamos a poder esquiar.
5. Este fin de semana van a subir las ____.
6. Si el fin de semana hace ____, vamos a la playa.
7. El gato está durmiendo a la ____ de un árbol.

1 Localice en la sopa de letras 13 palabras relacionadas con el clima. Escriba los artículos (el, la).

LA TEMPERATURA
___ C___R
___ G______O
___ C________O
___ T________A
___ V_____O
___ N_____A
___ B________O
___ S_L ___F__O ___H___O ___T______O ___C___O

T	O	R	M	E	N	T	A	V	I	E	R
E	C	A	N	E	G	R	A	N	I	Z	O
M	V	I	E	N	T	O	P	I	H	R	E
P	I	B	O	M	R	U	S	C	I	E	T
E	S	O	J	L	U	K	B	O	E	S	I
R	E	C	N	I	E	B	L	A	L	I	C
A	P	H	I	O	N	R	S	F	O	B	A
T	A	O	T	L	O	N	I	R	U	B	L
U	L	R	C	I	E	L	O	Í	Z	A	O
R	Y	N	T	C	L	U	M	O	V	T	R
A	V	O	M	T	I	S	O	L	P	L	A
L	A	F	E	C	H	U	B	A	S	C	O

2 Dibuje.

el sol · un relámpago · una nube
un paraguas · gotas de lluvia · un copo de nieve

3 Indique la palabra intrusa.

1. ☐ lluvia ☒ sombra ☐ chubasco
2. ☐ rocío ☐ rayo ☐ trueno
3. ☐ cielo ☐ bochorno ☐ calor
4. ☐ nieve ☐ granizo ☐ sol
5. ☐ nieve ☐ copo ☐ aire
6. ☐ grados ☐ paraguas ☐ temperatura

4 Clasifique las palabras.

el sol el granizo nublado brillar el paraguas la lluvia el calor soleado llover nevar la tormenta granizar hacer sol el rayo de sol hacer calor caluroso 3 grados hacer frío el chubasco 25 grados lluvioso

EL MAL TIEMPO			EL BUEN TIEMPO		
Nombres	Adjetivos	Verbos	Nombres	Adjetivos	Verbos
el granizo,					

Gran variedad de ejercicios prácticos, graduados de menor a mayor dificultad.

SUMARIO

1 Los continentes, los países, las nacionalidades y las lenguas

EN LA AGENCIA DE VIAJES

Empleada: Buenos días.

Álvaro: Buenos días. Mire, este verano queremos hacer un viaje al extranjero, es nuestro quinto aniversario de casados y queremos celebrarlo.

Belén: Pero no sabemos adónde ir. ¿Qué ofertas tiene?

Empleada: Para este verano tenemos varias: Grecia, China, la India, Brasil, Marruecos, Túnez, Canadá, Egipto y Australia.

Álvaro: ¡Uf…! No sé, no sé…

Empleada: También tenemos un fabuloso crucero por el Caribe con escalas en Cuba, Puerto Rico y Santo Domingo.

Belén: ¡Fenomenal!

Álvaro: No, un crucero no, en el barco me pongo muy malo.
¿No tiene nada en Europa?

Empleada: En Europa… Vamos a ver…
Para el mes de julio: Austria, Hungría, Suiza, República Checa…

Belén: No… es que queremos un país con playas.

Empleada: Un país con playas…. Bien… Mire, tenemos quince días en Francia, en agosto, la Costa Azul es fantástica…

Álvaro: Sí, pero es que no hablamos francés.

Empleada: ¿Italia?

Belén: Es que tampoco hablamos italiano.

Empleada: ¿Y Portugal? ¿Hablan portugués?

Belén: Pues no.

Empleada: Ah, ah… Me queda una última oferta: quince días en Benidorm, en un hotel de cuatro estrellas a veinte metros de la playa.

Álvaro: ¡Fenomenal!

Belén: ¡Benidorm, qué dices! Es nuestro aniversario, yo quiero hacer el crucero por el Caribe.

Álvaro: En el barco me pongo muy malo.

Belén: ¡¡Venga, va!! Es nuestro aniversario.

Empleada: Es un crucero fantástico, hace muchas escalas.

Belén: ¡Venga!

Álvaro: Bueno, vale.

Norteamérica

Estados Unidos (EE.UU.)	estadounidense, estadounidense
Canadá	canadiense, canadiense

Latinoamérica

Argentina	argentino, argentina
Bolivia	boliviano, boliviana
Brasil	brasileño, brasileña
Chile	chileno, chilena
Colombia	colombiano, colombiana
Costa Rica	costarricense, costarricense
Cuba	cubano, cubana
Ecuador	ecuatoriano, ecuatoriana
Guatemala	guatemalteco, guatemalteca
Honduras	hondureño, hondureña
México	mexicano, mexicana
Panamá	panameño, panameña
Paraguay	paraguayo, paraguaya
Perú	peruano, peruana
Puerto Rico	portorriqueño, portorriqueña
Salvador (El)	salvadoreño, salvadoreña
Santo Domingo	dominicano, dominicana
Uruguay	uruguayo, uruguaya

Europa

Austria	austriaco, austriaca
Bélgica	belga, belga
Bulgaria	búlgaro, búlgara
Chipre	chipriota, chipriota
Dinamarca	danés, danesa
Eslovaquia	eslovaco, eslovaca
Eslovenia	esloveno, eslovena
España	español, española
Estonia	estonio, estonia
Finlandia	finlandés, finlandesa
Grecia	griego, griega
Holanda, Países Bajos	holandés, holandesa
Hungría	húngaro, húngara
Irlanda	irlandés, irlandesa
Islandia	islandés, islandesa
Letonia	letón, letona
Lituania	lituano, lituana
Luxemburgo	luxemburgués, luxemburguesa
Malta	maltés, maltesa
Noruega	noruego, noruega
Polonia	polaco, polaca
Reino Unido	británico, británica
República Checa	checo, checa
Rumanía	rumano, rumana
Rusia	ruso, rusa
Suecia	sueco, sueca
Suiza	suizo, suiza
Turquía	turco, turca

África

Argelia	argelino, argelina
Egipto	egipcio, egipcia
Marruecos	marroquí, marroquí
Túnez	tunecino, tunecina

Asia

China	chino, china
India (La)	hindú, hindú
Japón	japonés, japonesa

Oceanía

Australia	australiano, australiana
Nueva Zelanda	neozelandés, neozelandesa

LENGUAS

el alemán
el árabe
el chino
el español, el castellano
el francés
el inglés
el italiano
el japonés
el portugués
el ruso

1 Escriba el nombre de los países.

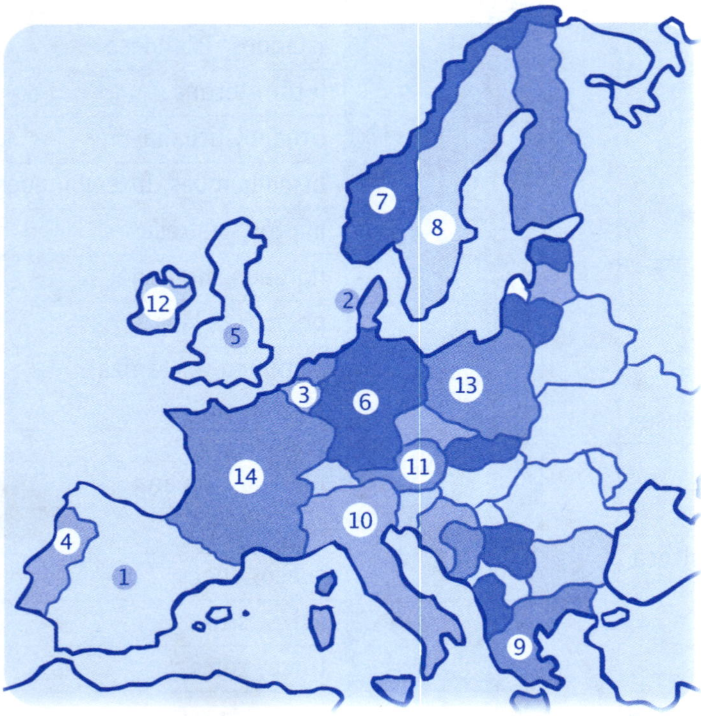

1. España
2. ______
3. ______
4. ______
5. ______
6. ______
7. ______
8. ______
9. ______
10. ______
11. ______
12. ______
13. ______
14. ______

2 Escriba los masculinos o los femeninos correspondientes.

japonés / japonesa

______ / española

egipcio / ______

______ / canadiense

tunecino / ______

______ / brasileña

cubano / ______

______ / belga

francés / ______

______ / suiza

letón / ______

______ / argelina

noruego / ______

______ / marroquí

chino / ______

______ / hindú

australiano / ______

______ / danesa

3 Escriba el nombre del idioma de estos países.

francés italiano portugués inglés árabe español chino japonés ruso alemán

1. España español
2. Irlanda ______
3. Alemania ______
4. Chile ______
5. EE.UU ______
6. Reino Unido ______
7. China ______
8. Brasil ______
9. Portugal ______
10. Luxemburgo ______
11. Rusia ______
12. Egipto ______
13. Costa Rica ______
14. Japón ______
15. Italia ______

4 ¿Verdadero (V) o falso (F)?

1. V Francia es un país de la Unión Europea.
2. El Partenón es un monumento griego.
3. Rusia está en el hemisferio sur.
4. La moneda del Reino Unido es el euro.
5. Polonia y la República Checa son países vecinos.
6. Chipre es una isla.
7. Islandia está en el océano Pacífico.
8. Venezuela no tiene playas.
9. La India es más grande que China.
10. Argelia está al este de Marruecos.
11. La pizza es un plato italiano.
12. El Gran Cañón está en Estados Unidos.
13. Beethoven era un compositor alemán.
14. El tulipán es una flor típica de Holanda.
15. El Machu Pichu está en Perú.
16. Cervantes nació en España.
17. Río de Janeiro es la capital de Brasil.
18. Rusia tiene más de cien millones de habitantes.
19. El monte Fuji está en Japón.
20. Nueva Zelanda está al oeste de Australia.
21. Hungría no tiene playas.
22. Letonia no es un país de la Unión Europea.
23. Canadá es más pequeño que Estados Unidos.
24. Oslo es la capital de Noruega.
25. España está dividida en dieciocho comunidades autónomas.
26. Los canguros viven en Australia.
27. Marruecos es una monarquía.
28. Caracas es la capital de Colombia.
29. En Canadá se habla inglés y francés.
30. Chopin era un compositor y pianista polaco.
31. Cristóbal Colón nació en Italia.
32. En Argentina se baila mucho el tango.
33. El Rioja es un vino español.
34. La moneda de España es el euro.

2 La familia

LA FAMILIA

Elena enseña a su nueva amiga Laura las fotos de su familia.

Elena: Mira… Esta soy yo, con Eduardo, mi marido. Y esta es mi hija: Natalia. Tiene seis meses, nació en abril. Este es mi padre y esta mi madre.

Laura: Son muy jóvenes, ¿no?

Elena: Sí. Esta es mi hermana, se llama Lucía.

Laura: ¿Está casada?

Elena: No. Y este es mi hermano Juan con su mujer.

Laura: ¡Está embarazada!

Elena: Sí, de ocho meses. Va a dar a luz el mes que viene.

Laura: ¿Y esta niña?

Elena: Es mi sobrina, la hija de mi hermano David.

Laura: ¿Y este señor?

Elena: Es mi suegro, está viudo; su mujer murió el año pasado. Y esta señora tan graciosa es mi abuela; se llama Marta.

Laura: ¡Es muy mayor! ¿Cuántos años tiene?

Elena: Ochenta y nueve. Bueno… casi noventa, su cumpleaños es la semana que viene.

Laura: ¡Vaya! Pues está fenomenal.

Elena: Sí, y dice que está enamorada y que se quiere casar.

Laura: ¿En serio?

Elena: Sí, chica, sí…

NOMBRES

el abuelo
la abuela

el padre
la madre

el hijo
la hija

el nieto
la nieta

el hermano
la hermana

el tío
la tía

el primo
la prima

el sobrino
la sobrina

el cuñado
la cuñada

el suegro
la suegra

el yerno
la nuera

el marido
la mujer

el papá
la mamá

VERBOS

nacer ≠ morir
bautizar
enamorarse
prometerse
casarse ≠ divorciarse
separarse

estar embarazada
dar a luz
tener hijos
tener un bebé

ADJETIVOS

El estado civil

Está...
soltero, soltera
prometido, prometida
casado, casada
separado, separada
divorciado, divorciada
viudo, viuda

Está...
enamorado, enamorada

Es...
huérfano, huérfana
joven ≠ mayor

OTRAS PALABRAS

el bautizo
el matrimonio
la boda # el divorcio
el flechazo
el hijo único
el hogar
la luna de miel
el luto
el nacimiento ≠ la muerte
los novios
la pareja
el parto
los recién casados

un recién nacido, una recién nacida
un bebé
un niño, una niña
un adolescente, una adolescente
un adulto, una adulta
una persona mayor

la fecha de nacimiento
el cumpleaños

¿Cuántos años tienes?
¿Cuándo cumples años?

1 **Localice, en la sopa de letras de arriba, el nombre de once miembros de la familia en masculino y, en la de abajo, los femeninos correspondientes.**

P	Y	E	R	N	O	C	U	Ñ	A	D	O		
A	Z	O	H	E	R	M	A	N	O	T			
D	A	B	U	E	L	O	N	E	L				
R	S	O	B	R	I	N	O	A					N
E	U	V	N	H	I	J	O					I	U
M	E	P	I	D	O	I					A	J	E
D	G	R	E	I	R					S	O	N	R
T	R	I	T	B					T	Í	A	I	A
Í	O	M	O					A	H	S	H	E	S
O	F	O					V	B	I	U	P	T	O
U	X					Y	M	U	J	E	R	A	B
G					C	O	A	E	A	G	I	T	R
				R	E	P	V	L	U	R	M	I	I
			U	H	E	R	M	A	N	A	A	N	N
		M	A	D	R	E	C	U	Ñ	A	D	A	A

2 **Indique los sustantivos correspondientes.**

___ → divorciarse

cumplir años ← ___

___ → dar a luz

nacer ← ___

___ → casarse

morir ← ___

el divorcio · la muerte · la boda · el cumpleaños · el parto · el nacimiento

3 **Ordene (de más joven a más mayor). Luego, escriba la edad aproximada.**

[ ]	un adulto	Tiene ___
[ ]	un bebé	Tiene ___
[ ]	un adolescente	Tiene ___
[1]	un recién nacido	Tiene unos días
[ ]	una persona mayor	Tiene ___
[ ]	un niño	Tiene ___

treinta años
trece años
unos meses
seis años
unos días
setenta años

4 Relacione los contrarios.

a. soltero	1. el divorcio
b. el nacimiento	2. la persona mayor
c. la boda	3. morir
d. joven	4. mayor
e. el bebé	5. casado
f. nacer	6. la muerte

5 Relacione.

a. ¿Estás casado?	1. No, soy hija única.
b. Marta y Álvaro se van a casar, ¿no?	2. Sí, para el mes de agosto.
c. ¿Tienes hermanos?	3. No, se separaron hace un año.
d. ¡Estás embarazada!	4. Sí, de cinco meses.
e. Alicia está prometida, ¿no?	5. No, estoy soltero.
f. ¿Pablo y Luisa ya no están juntos?	6. El quince de diciembre.
g. ¿Natalia espera un bebé?	7. Sí, se casa este verano.
h. ¿Cuándo cumples años?	8. Sí, tiene un niño precioso.
i. ¿Carolina ya ha dado a luz?	9. Sí, la boda es en julio.

6 Elija la opción correcta de las frases de la lista.

Sí, su mujer murió el año pasado./Sí, se casó el año pasado.
Sí, se van a casar./Sí, se van a separar.
¿Cuántos años cumples?/¿Cuándo cumples años?
Sí, la quiere mucho./¡No me diga! ¿Ya no la quiere?
Hace una semana./La semana que viene.
Sí, ya no se quieren./Sí, están muy enamorados.
¿Cuándo se separó?/¿Cuándo dio a luz?
Sí, es muy joven./Sí, es muy mayor.

1. Juan y Elena se llevan fatal.
   Sí, se van a separar.

2. La abuela de Julio tiene 88 años, ¿no?
   ______________________.

3. ¿Ernesto está viudo?
   ______________________.

4. Félix ha pedido el divorcio a Carlota.
   ______________________.

5. ¿Cuándo vuelven Alicia y José de la luna de miel?
   ______________________.

6. Andrés y Lola se van a divorciar.
   ______________________.

7. ¡Natalia ha tenido un bebé!
   ______________________.

8. El sábado doy una fiesta en casa por mi cumpleaños.
   ______________________.

REUNIÓN DE ANTIGUOS ALUMNOS

Alfonso, Marta, Carlos, Irene, Sofía, Javier y Ramón son antiguos compañeros del instituto. Ahora todos trabajan y se han reunido cinco años después de terminar la carrera para hablar de sus vidas.

Alfonso: Bueno, Marta, ¿a qué te dedicas?

Marta: Soy veterinaria. ¿Y tú?

Alfonso: Yo soy fotógrafo, trabajo para un periódico. Me encanta mi trabajo porque viajo mucho.

Marta: ¿Y estás casado?

Alfonso: Sí, y mi mujer es profesora, trabaja en la universidad. Da clases de inglés.

Marta: El martes vi a Cristina por la calle y…

Alfonso: ¡Cristina! ¿Y qué es de su vida?

Marta: Pues está en paro, está buscando trabajo. La semana que viene tiene dos entrevistas.

Alfonso: Pues yo, este verano estuve de vacaciones en Sevilla y ¿sabéis a quién vi? ¡A José Moreno! Me contó que dejó la universidad, primero trabajó en una fábrica de productos químicos, después en una empresa de publicidad como telefonista, luego fue camarero, más tarde taxista en Barcelona, luego cocinero, después peluquero y ahora está haciendo un cursillo para ser informático.

Carlos: Irene, ¿qué haces? ¿Trabajas?

Irene: Sí, soy enfermera, ¿y tú?

Carlos: Yo trabajo en una tienda, soy dependiente.

Alfonso: Bueno, chicos, tenemos que brindar por todos nosotros. ¡Camarero, una botella de cava!

PROFESIONES

¿A qué se dedica?
Soy...
abogado, abogada
actor, actriz
albañil
asistente, asistenta
azafata
arquitecto, arquitecta
bailarín, bailarina
bombero, bombera
camarero, camarera
cantante
carnicero, carnicera
cartero, cartera
cirujano, cirujana
cocinero, cocinera
dentista
dependiente, dependienta
enfermero, enfermera
farmacéutico, farmacéutica
fotógrafo, fotógrafa
informático, informática
médico, médica
panadero, panadera
peluquero, peluquera
periodista
policía
profesor, profesora
secretario, secretaria
taxista
telefonista, telefonista
veterinario, veterinaria

Tenderos > página 71
Profesiones médicas > página 31

LA EMPRESA

la centralita
el contrato de trabajo
el despacho
el empleo
la entrevista
la experiencia laboral
la fábrica
el horario
la huelga
la jornada laboral
la nómina
la oferta de empleo
la oficina
el personal
el puesto de trabajo
el sueldo
el taller
las vacaciones pagadas

VERBOS

buscar trabajo
cobrar un sueldo
contratar ≠ despedir
estar en paro
estar jubilado, jubilada
ganar dinero
jubilarse

1 **Añada las vocales que faltan y lea el nombre de once profesiones. Luego, escriba los femeninos.**

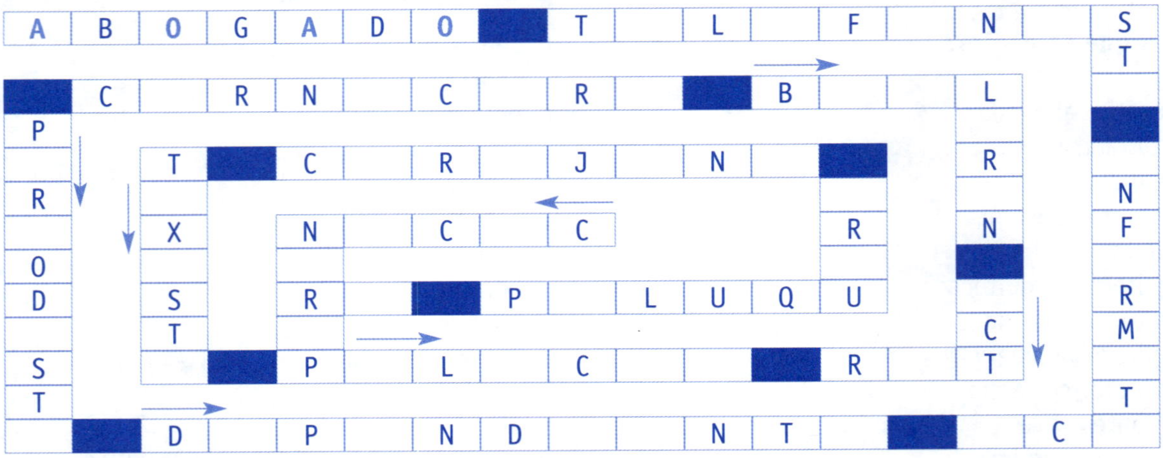

Abogada, ______________________________

____

____

2 **Clasifique las palabras en el esquema. 1 = lugar de trabajo, 2 = verbos, 3 = objetos y otras palabras. Consulte el diccionario y escriba más palabras en los recuadros 3.**

el teléfono   un peine   vasos   un bar   una consulta   botellas   un instituto   una empresa
cuidar   enseñar   una cafetería   cortar   un restaurante   una escuela de idiomas   tijeras
estudiantes   reuniones   escribir informes   la pizarra   champú   platos   el enfermo
aspirina   patio   cartas   el ordenador   cuadernos   tapas   un hospital   una peluquería
una universidad   un despacho   servir

	el camarero la camarera	el enfermero la enfermera	el peluquero la peluquera	el professor la profesora	el secretario la secretaria
1	un bar,				
2	servir				
3	vasos				

3 **Relacione.**

a. el contrato •	• 1. laboral
b. la experiencia •	• 2. un sueldo
c. estar •	• 3. de empleo
d. buscar •	• 4. pagadas
e. el puesto •	• 5. paro
f. cobrar •	• 6. de trabajo
g. estar en •	• 7. de trabajo
h. la oferta •	• 8. jubilado
i. las vacaciones •	• 9. trabajo

4 **Escriba el nombre de la profesión que corresponde a cada definición.**

el cartero   el veterinario   el bombero   la dependienta   la farmacéutica

Trabaja en una tienda y vende zapatos, ropa... la dependienta

Vende y prepara medicamentos. ______

Cuida a los animales enfermos. ______

Trabaja en la calle, pasa por las casas y reparte cartas, paquetes, postales... ______

Apaga los incendios. ______

5 **¿Quién dice estas frases en su trabajo? Relacione.**

a. Diga "treinta y tres".	1. la telefonista
b. Me da la receta, por favor.	2. la secretaria
c. Lo siento, el señor Demorales	3. el informático
d. está hablando por otra línea.	4. el taxista
e. ¿Adónde quiere ir?	5. el médico
f. Este ordenador tiene un virus.	6. la profesora
g. Esta sopa está un poco sosa.	7. la cocinera
h. La reunión empieza a las cuatro.	8. el farmacéutico
i. Vamos a corregir el ejercicio 8.	

6 **Escriba las respuestas.**

Sí, y mañana tengo una entrevista.   Soy informático.   En un hospital.
No, se jubiló el año pasado.   De nueve a dos y de tres a seis.   No, terminé la carrera en junio.

1. ¿A qué se dedica? — Soy informático.
2. ¿Dónde trabaja Ud.? — ______.
3. ¿Está buscando trabajo? — ______.
4. ¿Qué horario tiene? — ______.
5. ¿Tiene experiencia laboral? — ______.
6. ¿El señor Monte ya no trabaja aquí? — ______.

7 **Complete las frases con las palabras de la lista.**

huelga   paro   oferta   empresa   trabajo   contratar   contrato   sueldo   gana

Mañana firmo el contrato de trabajo.

Los trabajadores están en ______ y piden un aumento de ______.

Tenemos que ______ un nuevo director de ventas.

Alberto trabaja en una ______ textil y ______ mucho dinero.

He visto una interesante ______ de empleo en el periódico.

José no encuentra ______, está en ______.

4 Descripción física de personas

EL NOVIO DE YOLANDA

Elvira: ¿Qué quieres tomar? Tengo zumo de naranja, cerveza, tónica…

Nuria: Una tónica.

Elvira: ¿Quieres algo para picar?

Nuria: Sí, aceitunas, por favor.

Elvira: Aquí tienes.

Nuria: Gracias. Oye, ¿sabes a quién vi el sábado en el centro comercial? A Yolanda, con su novio.

Elvira: ¿Yolanda tiene novio? ¿Y cómo es? ¿Es guapo?

Nuria: Bueno, guapo, guapo… no, la verdad. Es un poco feo. Y es bajo y muy delgado.

Elvira: No lo entiendo, a Yolanda le gustan los hombres altos. ¿Y es moreno, rubio…?

Nuria: Ni moreno, ni rubio, ni castaño, ni pelirrojo… Es calvo, con barba y bigote.

Elvira: No lo entiendo, a Yolanda le gustan los hombres morenos con el pelo corto y rizado. ¿Y cuántos años tiene?

Nuria: Pues, cuarenta y cinco o cincuenta.

Elvira: ¿Y es simpático?

Nuria: Bueno, simpático, simpático… no, la verdad.

Elvira: Pues no lo entiendo.

Nuria: Mira, dame otra tónica.

¿Cuántos años tiene?
Tiene...
- veinte años.
- treinta y dos años.

¿Cómo es?
Es...
(la estatura)
- alto, alta
- bajo, baja

(la corpulencia)
- gordo, gorda
- delgado, delgada
- flaco, flaca

- rubio, rubia
- moreno, morena
- castaño, castaña
- pelirrojo, pelirroja
- calvo

- joven
- mayor

- guapo, guapa
- atractivo, atractiva ≠ feo, fea

Tiene...
- el pelo

corto
largo
liso
ondulado
rizado
negro
rubio
castaño

- los ojos

negros
azules
verdes
marrones

- canas
- pecas

Lleva...
gafas
bigote
barba

VERBOS

adelgazar ≠ engordar
medir
pesar

OTRAS PALABRAS

la cara, el rostro
la edad
el flequillo
el peso

1 Localice en la sopa de letras los contrarios de los adjetivos del recuadro central.

C	F	U	I	H	G	U	A	P	A	L	L	Y	A	C	B	E	I
O	Z	N	J	G	O	Y	V	A	L	A	R	G	O	D	F	R	A
A	**L**	**T**	**O**											L	I	S	O
E	H	Q	V											S	A	B	T
O	M	L	E											I	P	A	S
P	U	T	N												B	J	D
F	G	C	F											L	R	A	H
E	F	M	O	R	E	N	A	V	D	O	P	G	O	R	D	O	C
A	I	G	E	O	M	L	U	F	L	A	C	A	V	D	A	Y	B

bajo mayor gorda flaco fea
rubia alta rizado corto guapa

2 Clasifique las palabras en el cuadro.

el flequillo el bigote los ojos las canas las pecas la barba

EL PELO	LA CARA
el flequillo,	

3 Indique la palabra intrusa.

1. ❒ joven ☒ atractivo ❒ mayor
2. ❒ alto ❒ bajo ❒ rubio
3. ❒ peca ❒ delgada ❒ flaca
4. ❒ cara ❒ rostro ❒ peso
5. ❒ rubia ❒ pelirroja ❒ flaca
6. ❒ azules ❒ verdes ❒ rubios
7. ❒ ondulado ❒ guapo ❒ rizado
8. ❒ bigote ❒ estatura ❒ barba

4 Observe la ilustración y rodee los adjetivos y las palabras para describir a esta chica.

flaca baja mayor canas joven pelo ondulado alta gafas rubia delgada barba morena fea pelo liso flequillo guapa pelo rizado

5 Complete las listas.

EL PELO	liso, rizado, **ondulado**, moreno, rubio, pelirrojo, ________.
LOS OJOS	negros, marrones, azules, ________.
LA CORPULENCIA	flaco, gordo, ________.

verdes delgado ondulado castaño

6 **Localice las casillas y escriba las palabras correspondientes. Luego, complete el rostro.**

	1	2	3	4
a	y	Sus	Tiene	corto
b	Elvira	pelo	muy	gafas
c	son	rizado.	es	ojos
d	el	rojas.	muy	morena.
e	y	Lleva	grandes	verdes.

b/1, c/3, d/4, a/3, d/1, b/2, b/3, a/4, a/1, c/2, a/2, c/4, c/1, d/3, e/3, e/1, e/4, e/2, b/4, d/2

Elvira ______________________________

____

7 **Complete la conversación con las palabras de la lista.**

moreno años alto liso joven delgado pelo bigote guapo moreno

- Oye, ¿cómo es el nuevo informático?
- ○ Pues... es ___alto___ y __________.
- ¿Es rubio o __________?
- ○ __________, y tiene el __________ corto y __________. Y lleva __________.
- Ah, ah...
- ○ Y es __________, tiene treinta __________.
- Ah, ah...
- ○ Y es muy, muy __________, muy simpático y muy inteligente.
- ¿Y tú cómo lo sabes?
- ○ Es que es mi marido...
- Ah, ah...

8 **Un novio por Internet.**
Lea el texto y observe la foto de Raúl. Subraye todas las mentiras y escriba cómo es realmente.

¡Hola a todas!
Me llamo Raúl y tengo veinticinco años. Vivo en Sevilla.
Soy alto y delgado. Soy moreno y tengo el pelo corto y liso.
Tengo los ojos muy grandes y azules.
Todas mis amigas dicen que soy bastante guapo y muy atractivo.

En realidad, Raúl es ______________________________

____

ENTREVISTAS DE TRABAJO

Ricardo: ¿Qué te parecen los candidatos?

Marta: Bueno, el señor Gonzalo me parece amable y sociable.

Ricardo: Para el puesto de director comercial es muy importante.

Marta: También me parece muy bien educado.

Ricardo: Pero es un poco tímido, no le gusta mucho viajar y tiene muy poca experiencia.

Marta: Es que es muy joven. Pero mira su currículo, tiene un máster en empresariales y ha hecho dos cursillos.

Ricardo: A mí no me cae muy bien. Prefiero a la señora Carrillo. Es trabajadora, alegre, inteligente y tiene un excelente currículo.

Marta: Pues yo la encuentro un poco orgullosa, ¿no?

Ricardo: ¡No, no, qué va! Me parece la persona perfecta para el puesto, tiene mucha experiencia.

Marta: Sí, quizá. Bueno, vamos a ver qué tal es el próximo candidato. ¿A qué hora tiene que llegar?

Ricardo: Dentro de veinte minutos. Estoy un poco cansado, ¿vamos a tomar un café? Tenemos tiempo.

Marta: Vale.

VIRTUDES

¿Cómo es?
Es...
- alegre
- amable
- atractivo, atractiva
- bien educado, bien educada
- bueno, buena
- cariñoso, cariñosa
- encantador, encantadora
- fiel
- generoso, generosa
- gracioso, graciosa
- honrado, honrada
- inteligente
- modesto, modesta
- obediente
- optimista
- parlanchín, parlanchina
- serio, seria
- simpático, simpática
- sincero, sincera
- sociable
- trabajador, trabajadora
- tranquilo, tranquila

DEFECTOS

¿Cómo es?
Es...
- aburrido, aburrida
- antipático, antipática
- cerrado, cerrada
- egoísta
- tacaño, tacaña
- envidioso, envidiosa
- hipócrita
- mal educado, mal educada
- malo, mala
- mentiroso, mentirosa
- orgulloso, orgullosa
- perezoso, perezosa/vago, vaga
- pesimista
- tímido, tímida
- tonto, tonta

SENTIMIENTOS

¿Qué le pasa?
Está...
- aburrido, aburrida
- agotado, agotada
- cansado, cansada
- contento, contenta
- enamorado, enamorada
- enfadado, enfadada
- feliz
- preocupado, preocupada
- sorprendido, sorprendida
- triste

el aburrimiento
la alegría
la amistad
el amor
el cariño
el dolor
la educación
el egoísmo
la emoción
la envidia
la esperanza
la felicidad
la fidelidad
la hipocresía
la inteligencia
el miedo
el odio
el orgullo
la paciencia
la pena
el placer
la risa
la sinceridad
la sorpresa
el terror
la tristeza

OTRAS PALABRAS Y FRASES ÚTILES

tener buen carácter ≠ tener mal carácter
tener sentido del humor
Julio me cae bien ≠ mal/fatal

1 Escriba los contrarios.

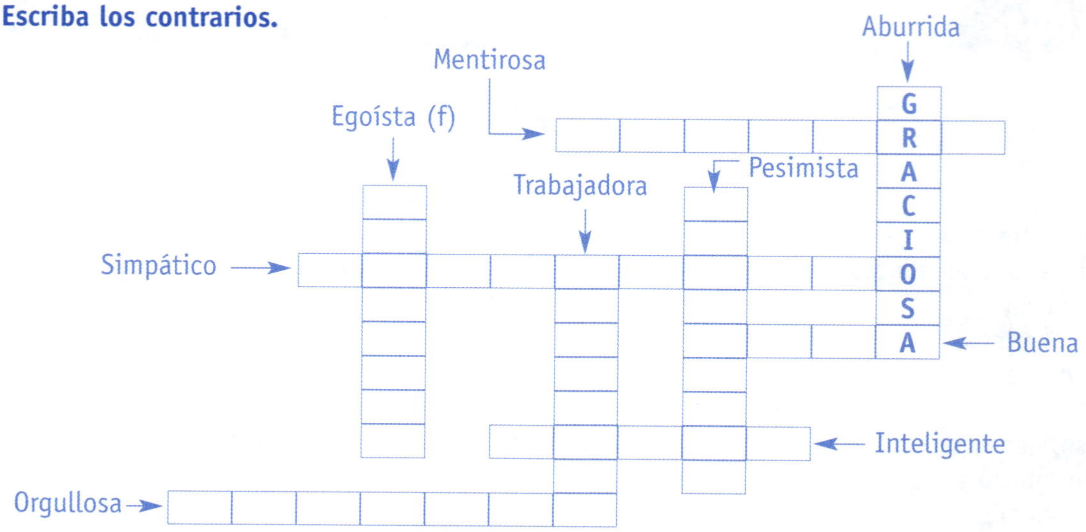

2 Escriba el sustantivo correspondiente.

1. cariñosa **el cariño**
2. aburrido ______
3. hipócrita ______
4. orgullosa ______
5. triste ______
6. bien educado ______
7. feliz ______
8. enamorado ______
9. sorprendida ______
10. envidioso ______
11. fiel ______
12. inteligente ______
13. sincero ______
14. alegre ______

el cariño · la fidelidad · el orgullo · la alegría · la educación · la envidia · el amor · la sinceridad
el aburrimiento · la tristeza · la felicidad · la hipocresía · la sorpresa · la inteligencia

3 Ordene las letras y escriba el femenino correspondiente.

1. ESIRO — **seria**
2. DIMOTÍ ______
3. ITÓPCHIAR ______
4. ENBETEODI ______
5. LEZFI ______
6. BACISOLE ______
7. TOTENONC ______
8. GAVO ______
9. DANROHO ______
10. TACANDRNEO ______

4 Clasifique los adjetivos en el cuadro.

fiel · seria · sorprendido · sociable · enamorado · inteligente · cerrado
parlanchina · enfadado · preocupado · tacaño

ES	ESTÁ
fiel,	

5 Relacione.

a. Juan me cae fatal.	1. A mí también, es muy amable.
b. Me encanta el nuevo profesor.	2. ¡Trabajas demasiado!
c. Marisa siempre saca malas notas.	3. Porque Julián no me ha llamado.
d. ¡Seguro que no voy a aprobar el examen!	4. Sí, es que es muy gracioso.
e. ¡Estoy agotada!	5. Pues a mí también, es muy antipático.
f. ¿Qué te pasa, por qué estás enfadada?	6. ¡Pero qué tacaño!
g. Siempre nos reímos mucho con Alberto.	7. ¿Por qué eres tan pesimista?
¡h. Álex no me ha regalado nada por mi cumple!	8. Es que es muy vaga y no le gusta estudiar.

6 En la agencia matrimonial.
Lea la conversación y elija al hombre más adecuado para Raquel.

EMPLEADA: Vamos a ver, Raquel, hábleme de Ud. ¿Qué le gusta?

RAQUEL: Pues a mí me gusta divertirme, reírme, salir los sábados por ahí, hablar con mis amigos.

EMPLEADA: ¿Y qué no le gusta?

RAQUEL: No aguanto la mentira. Me gusta la gente sencilla y que sabe ver el lado bueno de las cosas. No soporto el egoísmo. Y no me gusta nada la mala educación.

EMPLEADA: Muy bien, pues voy a introducir todos sus datos en el ordenador, a ver si tiene suerte...

Germán

Tiene sentido del humor.
Es un poco orgulloso,
optimista, honrado
y bastante cerrado.

❐

Nacho

Tiene sentido del humor.
Es alegre, sociable, amable,
optimista, parlanchín
y sincero.

❐

Arturo

Tiene muy buen carácter.
Es un poco tímido,
cariñoso, un poco tacaño
y trabajador.

❐

7 Asocie cada palabra de la lista a una frase.

la pena · el miedo · la alegría · el cariño · el aburrimiento · la hipocresía

1. Ayer fuimos al cine, vimos una película malísima, no me divertí nada. **el aburrimiento**
2. ¡Qué contenta estoy, mañana me voy de vacaciones! ________________
3. La señora Cobos tiene cinco nietos y los quiere mucho a todos. ________________
4. La niña está muy triste porque se ha muerto su hámster. ________________
5. José me cae fatal, nunca dice lo que piensa de verdad. ________________
6. Cuando empezó la tormenta, el gato se escondió debajo de la cama. ________________

EN LA MATERNIDAD

Bea: Hola, Sandra, ¿qué tal estás?

Sandra: Bien, un poco cansada, pero bien y muy contenta.

Julio: Bueno, y el padre, ¿cómo está el padre?

Rubén: Feliz, muy feliz.

Bea: Mira… ¡qué guapa es! Hola, guapa… bonita…

Sandra: Y es muy buena, no llora y come muy bien.

Bea: ¡Pero qué guapa! Mira, Julio, tiene la nariz, la boca y los labios de Sandra.

Sandra: Sí, y tiene las orejas de mi madre.

Julio: Rubén, y de ti, ¿qué tiene?

Rubén: Los ojos y el pelo, son negros, como los míos.

Bea: Mira… ¡qué manos, qué brazos tan bonitos! Ay… ¡y qué pies tan pequeñitos! ¡Pero qué guapa eres! ¡Mira qué cuello tan bonito! ¡Y qué piel tan blanquita! ¡Mira cómo se ríe! ¡Hola! ¡Hola guapa!

Sandra: Te encantan los niños, ¿eh?

Rubén: Pues… ya sabes…

Bea: Ah… ha…

Sandra: ¿¿Ah… ha…?? ¡¡No!!

Bea: Sí… de tres semanas.

Rubén: Hombre, Julio, ¡felicidades!

Bea: ¿Y yo?

LA CABEZA

la barba
el bigote
la boca
la cana
la ceja
el cuello
el diente
la frente
la garganta
el labio
la lengua
la mejilla
el mentón
la nariz
el ojo
la oreja
el pelo
el rostro

EL TRONCO

la cadera
la cintura
la espalda
el estómago
el hombro
el pecho
los pechos
el trasero
el vientre

LOS MIEMBROS

el brazo
el codo
el dedo
la mano
la muñeca
el puño
la uña

el muslo
la pantorrilla
el pie
la pierna
la rodilla
el talón
el tobillo

VERBOS

abrir las piernas/los brazos
cruzar las piernas/los brazos
estirar los brazos/las piernas
levantar los brazos/las piernas

acostarse
afeitarse
andar
arrodillarse
beber
caerse
comer
correr
escuchar
lanzar
levantarse
llorar
maquillarse
mirar
morder
oír
oler
peinarse
reír
respirar
sentarse
sonreír
tocar
tragar
ver

LOS CINCO SENTIDOS

el gusto
el oído
el olfato
el tacto
la vista

OTRAS PALABRAS

el corazón
el hueso
el músculo
la piel
la sangre

Soy diestro, diestra.
Soy zurdo, zurda.

1 **Localice las palabras en la cadena. Escriba los artículos determinados.**

FRENTEBOCACEJANARIZOREJAOJOPELODIENTEMEJILLA**CUELLO**MENTÓN

____ diente	____ mejilla
____ boca	el cuello
____ ceja	____ frente
____ nariz	____ ojo
____ pelo	____ mentón
____ oreja	

2 **Relacione.**

	TENEMOS	
a. el estómago •	• 1. una •	• i. los codos
b. los dientes •	• 2. uno •	• j. el pecho
c. las pantorrillas •	• 3. dos •	• k. el cuello
d. la cabeza •	• 4. más de treinta •	• l. los hombros
e. los pies •	• 5. más de doscientos •	• m. la espalda
f. los huesos •		• n. las rodillas
g. los muslos •		• o. los músculos
h. los tobillos •		• p. la cintura

3 **¿Qué partes del cuerpo usamos para...?**

los dedos · la nariz · los ojos · las manos · las piernas · la boca · los dientes · el trasero

1. andar y correr las piernas
2. reír ____________
3. mirar ____________
4. sentarnos ____________
5. lanzar objetos ____________
6. morder ____________
7. tocar ____________
9. oler ____________

4 **¿Qué hace Raquel...?**

se maquilla · se cae · llora · se peina · se acuesta · se ríe · come

1. cuando tiene sueño — se acuesta
2. para estar más guapa ____________
3. cuando pierde el equilibro ____________
4. cuando ve una película cómica ____________
5. cuando tiene hambre ____________
6. después de lavarse el pelo ____________
7. cuando está muy triste ____________

5 En la comisaría. Lea la conversación y complete el retrato robot del sospechoso.

El testigo: Pues mire, señor comisario, tenía la cara redonda, sí, redonda, con los ojos muy pequeño, y negros y cejas enormes, sí, enormes...
Y el cuello muy corto.

El comisario: ¿Qué más?

El testigo: La nariz... tenía la nariz larga y muy fina, y la boca grande con labios finos.
¡Ah!, y un bigote negro.

El comisario: ¿Y el pelo?

El testigo: No me acuerdo muy bien, moreno y muy muy corto.

El comisario: ¿Y las orejas?

El testigo: Enormes, con un pendiente en la derecha. Ah...
Y un tatuaje en el hombro izquierdo, un corazón con el nombre de una mujer, Felisa... no, no, Elisa, sí, Elisa.

6 ¿Qué les duele? Asocie cada palabra de la lista a una frase.

la mejilla los pies los ojos la garganta las piernas el estómago la cabeza

1. el estómago — ¡¡Uy!! He comido demasiado.
2. ________ — ¡¡Ay!! Me he cortado con la cuchilla de afeitar.
3. ________ — Baja la musica, por favor, está demasiado alta.
4. ________ — ¡¡Uy!! Estos zapatos son muy estrechos.
5. ________ — Hay huelga de transportes y he ido al trabajo andando: ¡tres kilómetros!
6. ________ — ¡¡Uy!! No puedo tragar.
7. ________ — ¡¡Ay!! ¡¡No veo nada!!

7 Relacione cada frase con el sentido correspondiente.

a. Leemos un texto.	EL OLFATO	g. La sopa está salada.
b. Me encanta la tarta de fresas.	EL TACTO	h. ¡No oigo nada!
c. ¡Qué mal huele!	LA VISTA	i. Tu perfume es muy agradable.
d. Este jersey es muy suave.	EL OÍDO	j. Escuchas una canción.
e. Los turistas admiran el paisaje.	EL GUSTO	k. La niña acaricia al gato.
f. Me gusta mucho esta música.		l. Este pastel está demasiado dulce.

7 La salud y la enfermedad

UNA EXCURSIÓN EN BICI

Verónica: Estoy agotada, ¿nos sentamos debajo de ese árbol a descansar un rato?
David: Vale.
Verónica: ¡¡Uuuuy!!
David: ¿Qué te pasa?
Verónica: Me duelen mucho las piernas. Voy a darme un masaje.
¡Vaya! Me he dejado la pomada en casa.
David: Siéntate.
Verónica: ¡¡¡Aaaaay!!!
David: ¿Pero qué haces?
Verónica: Me he hecho una pequeña herida en la pierna. ¡Cómo duele!
David: Espera, voy a darte una tirita.
Verónica: ¡Aaaachís!
David: ¡Jesús! Bueno, ¿y ahora qué te pasa, te has resfriado?
Verónica: No; es el polen, tengo alergia y me he dejado las pastillas en casa.
¡Aaaachís!
David: ¡María!

Veinte minutos después.

Verónica: Bueno, ¿nos vamos?
David: Vale.
Qué bueno hace hoy, ¿verdad?
Verónica: Sí, me encanta la prima.... ¡¡Haaaaa!!
David: Verónica, ¿estás bien?
Verónica: No, no, me encuentro fatal. ¡¡Haaaaa!! Creo que me he roto una pierna, voy a vomitar... Llama a una ambulancia por el móvil, ¡¡deprisa, mira estoy sangrando, creo que me voy a desmayar!!
David: A ver... ¡Pero qué dices! No te has roto la pierna, sólo es una pequeña herida.

el accidente
el ataque de nervios
el cáncer
el cansancio
el catarro
= el constipado
= el resfriado
el dolor de muelas
el estrés
la fractura
el grano
la herida
la operación

el cirujano
el/la dentista
el enfermero/la enfermera
el médico

el paciente
el enfermo, la enferma
el herido, la herida

la ambulancia
la clínica
la consulta
la farmacia
el hospital

la dieta
el régimen

MEDICINAS

el antibiótico
la aspirina
la cápsula
el comprimido
el jarabe
la pastilla
la pomada
la receta
el supositorio
la tirita
la vacuna

VERBOS

adelgazar ≠ engordar
cuidar
curar
dar un masaje
desmayarse
estornudar
herirse
hospitalizar
marearse
morir
operar
recetar
resfriarse
sangrar
tener alergia
toser
vomitar

¿Qué le pasa?
Me encuentro fatal.
No me encuentro bien.

Estoy...
agotado, agotada.
cansado, cansada.
deprimido, deprimida.
enfermo, enferma.
constipado, constipada.

Tengo...
- fiebre.
- la gripe.
- insomnio.
- tos.

Me duele la cabeza.
Me he roto una pierna.

¡Cuídese!
¡Que se mejore!

ponerse enfermo
ir al médico
pedir hora en el médico

¡Achís!
¡Jesús!
¡María!
¡José!

ADJETIVOS

débil
doloroso, dolorosa
mortal
sano, sana

1 **Complete el nombre de cada enfermedad o estado físico con las vocales que faltan.**

LA T__S — EL C__NC__R — EL __NS__MN__ __ — EL C__T__RR__ — LA GR__P__ — EL C__NST__P__D__ — EL C__NS__NC__ __

2 **Indique la medicina más adecuada.**

a. dolor de cabeza •	• 1. la tirita
b. herida •	• 2. la aspirina
c. tos •	• 3. el comprimido de vitamina C
d. dolor en el tobillo •	• 4. el jarabe
e. cansancio •	• 5. la pomada

3 **Clasifique los verbos.**

curarse   operar   vomitar   toser   estornudar   sangrar   dar un masaje   recetar   marearse

EL MÉDICO	EL PACIENTE
	curarse

4 **Indique la palabra intrusa.**

1. ❒ la clínica ☒ el grano ❒ el hospital
2. ❒ el antibiótico ❒ el dentista ❒ el cirujano
3. ❒ la fiebre ❒ el accidente ❒ la tos
4. ❒ la consulta ❒ el enfermo ❒ el paciente
5. ❒ la ambulancia ❒ el régimen ❒ la dieta
6. ❒ la cápsula ❒ la pastilla ❒ la enfermera

5 **Escriba los verbos correspondientes.**

______	← el dolor	la herida →	______
la receta →	______	______	← la muerte
______	← el resfriado	el masaje →	______
la sangre →	______	______	← el hospital

morir   doler   sangrar   recetar   herirse   dar un masaje   resfriarse   hospitalizar

6 **¿A qué palabra corresponde cada definición?**

(Adjetivo) Sin fuerzas. débil

(Verbo) Perder peso. ______

(Nombre) Vehículo para transportar enfermos. ______

(Adjetivo) Puede producir la muerte. ____________

(Adjetivo) Con buena salud. ____________

(Nombre) Lugar donde se compran los medicamentos. ____________

7 Separe las palabras.

1. Lospacientesestánenlasaladeespera. Los pacientes están en la sala de espera.
2. Juliohatenidounaccidentedetráfico. ____________
3. Tomojarabeporquetengomuchatos. ____________
4. Elmédicomeharecetadounapomada. ____________
5. Laenfermeramehadadounantibiótico. ____________
6. Elcánceresunaenfermedadmortal. ____________

8 ¿Qué aconseja Ud. a todas estas personas?

Tienes que descansar. Tienes que llamar al médico. Tienes que ir a la farmacia. Tienes que ir al dentista. Tienes que quedarte en la cama.

1. No me encuentro bien. — Tienes que llamar al médico.
2. El médico me ha dado una receta. — ____________.
3. Me duelen los dientes. — ____________.
4. Tengo la gripe. — ____________.
5. Estoy muy cansada. — ____________.

9 Elija la opción correcta.

1. Tengo insomnio.
   ❒ Duermo muy bien. ☒ No puedo dormir.
2. Estornudo mucho.
   ❒ Estoy constipado. ❒ Estoy estresado.
3. Tengo tos.
   ❒ Me duele el estómago. ❒ Me duele la garganta.
4. Tengo la gripe.
   ❒ Tengo granos. ❒ Tengo fiebre.
5. Me he caído y me he hecho una herida en el brazo.
   ❒ Me pongo un supositorio. ❒ Me pongo una tirita.

LA MUDANZA

Javier: Hola, Alicia, perdona el retraso, es que me he levantado tarde y…
Alicia: Tranquilo, nosotros también acabamos de llegar.
Javier: ¡Hola, chicos!
Mar, Carlos: ¡Hola!
Javier: Bueno, ¿qué hacemos? ¿Vaciamos todas las cajas?
Alicia: No, primero hay que pasar la aspiradora en el salón y barrer la terraza.
Javier: Vale, lo hago yo. ¿Dónde están la escoba y el recogedor?
Alicia: Mira, ahí.
Carlos: Y yo ¿qué hago?
Alicia: ¿Puedes limpiar los cristales?
Carlos: Vale.
Mar: Pues yo voy a ir al supermercado a comprar algo para la comida.
Alicia: Y yo, voy a hacer las camas y a regar las plantas, las pobres están muertas de sed.

Una hora después.

Mar: Chicos, ya estoy aquí, he comprado chuletas y verduras para hacer una ensalada.
Carlos: Preparo yo la comida, me encanta cocinar.
Alicia: Javier, ¿puedes fregar los platos y los cubiertos y poner la mesa? Están en esa caja al lado del fregadero. Yo voy a ducharme.
Javier: ¡Alicia!
Alicia: ¿Qué pasa?
Javier: Que aquí no están los platos…
Alicia: ¡Vaya! Pues no sé en qué caja están.
Carlos: No pasa nada, hay una pizzería al final de la calle, invito yo.

sonar el despertador
despertarse
levantarse
ducharse
darse un baño
asearse
lavarse los dientes
lavarse el pelo
afeitarse
peinarse
maquillarse
vestirse
ir al trabajo
llegar al trabajo
volver a casa
desnudarse
acostarse
dormirse

LAS CUATRO COMIDAS

desayunar → el desayuno
comer → la comida
merendar → la merienda
cenar → la cena

TAREAS DOMÉSTICAS

barrer	→ la escoba
	→ el recogedor
cocinar	→ la cazuela
	→ la sartén
hacer la cama	→ la sábana
	→ la manta
hacer la colada	→ el detergente
	→ la lavadora
fregar los platos	→ el fregadero
	→ la esponja
ir de compras	
ir al supermercado	
limpiar los cristales	
pasar la aspiradora	
poner la mesa	
planchar	→ la plancha
preparar la comida	→ la receta de cocina
quitar el polvo	→ el paño
regar las plantas	
tender la ropa	→ las pinzas

Los electrodomésticos > ver página 55

1 ¿Cuántas veces aparece cada palabra en la sopa de letras?

1. levantándose levantarse 3

2. duchándose ______________ ____

3. peinándose ______________ ____

4. vistiéndose ______________ ____

5. comiendo ______________ ____

6. cenando ______________ ____

D	L	E	V	A	N	T	A	R	S	E	R	L
U	E	H	I	P	P	E	I	N	A	R	S	E
C	E	N	A	R	P	L	U	O	Y	V	P	V
H	D	C	O	M	E	R	M	C	C	E	E	A
A	S	O	Q	J	I	K	B	O	E	S	I	N
R	E	M	C	E	N	A	R	M	N	T	N	T
S	P	E	I	N	A	R	S	E	A	I	A	A
E	A	R	T	L	R	O	I	R	R	R	R	R
C	E	N	A	R	S	V	B	F	I	S	S	S
U	D	I	T	C	E	N	A	R	O	E	E	E
I	V	E	S	T	I	R	S	E	R	L	A	S
L	E	V	A	N	T	A	R	S	E	M	I	N

2 ¿Cuándo se realizan estas actividades? M = por la mañana, T = por la tarde, N = por la noche, MN = por la mañana y por la noche.

1. [M] despertarse
2. [ ] vestirse
3. [ ] cenar
4. [ ] sonar, el despertador
5. [ ] llegar al trabajo
6. [ ] asearse
7. [ ] afeitarse
8. [ ] levantarse
9. [ ] desnudarse
10. [ ] dormirse
11. [ ] volver del trabajo
12. [ ] lavarse los dientes
13. [ ] acostarse
14. [ ] desayunar
15. [ ] ducharse
16. [ ] maquillarse

3 a. Complete las expresiones con los verbos de la lista.

tender fregar hacer regar preparar ir quitar poner pasar hacer limpiar ir

1. hacer la cama
2. ______________ la mesa
3. ______________ de compras
4. ______________ al supermercado
5. ______________ los cristales
6. ______________ la colada
7. ______________ la aspiradora
8. ______________ la ropa
9. ______________ la comida
10. ______________ los platos
11. ______________ las plantas
12. ______________ el polvo

b. ¿Con qué tarea doméstica asocia Ud. las siguientes palabras? Escriba el número.

el detergente [6] la lavadora [ ] el paño [ ] la receta [ ]
la manta [ ] las pinzas [ ] la sartén [ ] la esponja [ ]

4 Ordene las actividades.

a. [ ] Sale de casa y toma el autobús.
b. [ ] Luego se lava los dientes, se ducha y se lava el pelo.

c. [ ] Trabaja hasta las tres y media, tiene jornada continua.

d. [1] Suena el despertador.

e. [ ] A continuación, se viste, se peina y se maquilla.

f. [ ] Llega al trabajo a las ocho y media.

g. [ ] Elena se despierta y se levanta.

h. [ ] Vuelve a casa y lee, ve la tele o escucha música. Cena a las nueve.

i. [ ] Se desnuda, se asea y se acuesta.

j. [ ] Va a la cocina y desayuna: café, magdalenas y un zumo de naranja.

5 ¿A qué hora suele realizas Ud. las siguientes actividades? Conteste personalmente.

1. Levantarse ______________ ______________.
2. Desayunar ______________ ______________.
3. Comer ______________ ______________.
4. Cenar ______________ ______________.
5. Acostarse ______________ ______________.

6 Termine las frases.

voy al supermercado. como con los compañeros de oficina. me levanto a las siete. ver la tele. me acuesto sobre las once. porque no ha sonado el despertador. en metro. a casa a las seis.

1. Hoy he llegado tarde al trabajo **porque no ha sonado el despertador.**
2. Todos los días vuelvo ______________
3. A mediodía ______________
4. Todas las noches ______________
5. Después de cenar, me gusta ______________
6. Los sábados por la mañana ______________
7. Todas las mañanas ______________
8. Voy al trabajo ______________

7 Forme frases según el modelo.

1. Pedro/su habitación/hacer la cama **Pedro está en su habitación. Está haciendo la cama.**
2. Armando/la cocina/fregar los platos ______________
3. Andrea/comedor/poner la mesa ______________
4. Marcos/salón/pasar la aspiradora ______________
5. Luisa/jardín/regar las plantas ______________
6. Luis/balcón/tender la ropa ______________

9 Los alimentos

EN EL MERCADO DEL BARRIO

Frutera: Buenos días, ¿qué le pongo?
Clienta: Quería un kilo de manzanas, medio de cerezas y una piña, pero pequeña.
Frutera: ¿Así?
Clienta: No, un poco más pequeña.
Frutera: Pues esta. ¿Algo más?
Clienta: Eh… Sí, un kilo de tomates y dos pimientos grandes.
Frutera: ¿Algo más?
Clienta: No.
Frutera: Pues son… nueve euros.

Carnicero: Hola, ¿qué te pongo?
Cliente: Pues tres chuletas de cerdo, cuatro lonchas de jamón serrano y un filete de ternera.
Carnicero: ¿Más?
Cliente: ¿Tienes chorizo?
Carnicero: Sí, claro; mira, ahí está.
Cliente: Pues ponme doscientos gramos.
Carnicero: Doscientos gramos, aquí tienes. ¿Más?
Cliente: No.
Carnicero: Diecisiete euros.
Cliente: ¿Tienes cambio de cincuenta?
Carnicero: Sí, sí.

Clienta: Un besugo, por favor.
Pescadero: Un besugo, ¡marchando! Va a ver, está riquísimo y muy fresquito. ¿Alguna cosita más? Tengo lenguado, rape, atún, caballa, mejillones, para la paella están riquísimos y muy fresquitos.
Clienta: Pues medio de mejillones.
Pescadero: Medio de mejillones, ¡marchando! Va a ver, están buenísimos. ¿Algo más? Tengo bacalao, bacalao español, del Norte, para hacer el bacalao a la vizcaína, ¡riquísimo! ¿Le pongo un kilo?
Clienta: No, gracias, nada más.
Pescadero: También tengo anchoas, langostinos…
Clienta: No, no, gracias.

CARNES Y EMBUTIDOS

el cerdo
el conejo
el cordero
el pato
el pavo
el pollo
la ternera
la vaca

el beicon
el chorizo
el jamón cocido
el jamón serrano
la morcilla
la salchicha
el salchichón

PESCADOS Y MARISCOS

la almeja
la anchoa
el atún
el bacalao
el besugo
la caballa
el calamar
la gamba
el langostino
el lenguado
el mejillón
la merluza
la pescadilla
el rape
el salmón
la sardina

FRUTAS

la aceituna, el albaricoque
la cereza, la ciruela
la frambuesa, la fresa
el higo, el kiwi
el limón, la mandarina
la manzana, el melocotón
el melón, el membrillo
la naranja, la pera
la piña, el plátano
el pomelo, la sandía, la uva

VERDURAS

el aguacate, el ajo
la alcachofa, la berenjena
el calabacín, la cebolla
la coliflor, el espárrago
el guisante, las judías verdes
la lechuga, la patata
el pepino, el pimiento
el puerro, el tomate
la zanahoria

LEGUMBRES

las alubias
los garbanzos
las lentejas

ULTRAMARINOS

el arroz
el azúcar
la harina
el huevo
la pasta

Lácteos
la leche
la mantequilla
la nata
el queso
el yogur

Dulces
el bollo
el caramelo
el chicle
el chocolate
la galleta
el helado
la mermelada
el pastel

ADJETIVOS

congelado, congelada
fresco, fresca
maduro, madura
verde

1 Localice los nombres en las sopas de letras.

pera naranja melocotón higo albaricoque pimiento pepino plátano melón
cebolla ajo manzana alcachofa piña puerro ciruela kiwi calabacín

A	N	A	R	A	N	J	A	L	M	A	L	C	A	C	H	O	F	A
	I	M	U	R	K	O	N	I	E	M	A	N	Z	A	N	A		
		O	S	G	I	B	H	E	L	U	J	I	O	K	A	S		
			T	O	W	I	F	H	O	P	E	P	I	N	O			
				N	I	P	C	O	C	L	A	S	L	O				
P					S	O	P	L	O	B	I	X	E					P
E	N					T	I	O	T	A	Z	I					A	L
R	I	S					A	S	Ó	N	E					A	P	Á
A	L	K	E					I	N	O					O	P	U	T
R	H	I	G	O					S					A	G	U	V	A
A	M	S	I	F	U								O	J	L	E	H	N
L	E	P	O	D					O					O	I	R	E	O
I	L	E	M					C	A	J					S	R	U	T
H	Ó	D					H	I	O	R	T					O	V	I
E	N					M	U	R	T	U	P	I					S	O
S					A	S	V	U	A	S	T	E	S					S
				G	I	L	C	E	B	O	L	L	A	N				
			D	I	O	C	A	L	A	B	A	C	Í	N	O			
		B	O	T	A	R	N	A	L	O	S	P	I	Ñ	A	D		
	L	E	W	A	U	P	I	M	I	E	N	T	O	M	I	X	U	
P	L	A	L	B	A	R	I	C	O	Q	U	E	Z	A	M	E	S	K

2 Relacione cada alimento (el interior) con su color.

a. el limón
b. la fresa
c. la mandarina
d. el plátano
e. la zanahoria
f. la harina
g. el tomate

NARANJA
VERDE
AMARILLO
BLANCO
ROJO

h. la lechuga
i. la nata
j. la sandía
k. el ajo
l. la mantequilla
m. la frambuesa
n. un yogur natural
o. la patata

3 Estos son los ingredientes para hacer una riquísima sopa de pescado y un pastel de frutas. Clasifique las palabras. Cinco ingredientes no son necesarios, ¿cuáles?

1. tomates **2.** harina **3.** mejillones **4.** zanahorias **5.** huevos **6.** almejas **7.** peras **8.** helado **9.** langostinos **10.** azúcar **11.** garbanzos **12.** ajo **13.** ciruelas **14.** gambas **15.** chocolate **16.** cordero **17.** pescadilla **18.** rape **19.** mantequilla **20.** cebolla **21.** morcilla **22.** atún **23.** lenguado **24.** ternera

Sopa de pescado

Pastel

4 ¿A qué tiendas tienen que ir? Relacione.

a. Necesito alubias, garbanzos y pasta. •
b. ¿Puedes comprar pan? •
c. No tengo berenjenas para la cena. •
d. Si vas al mercado, compra besugo. •
e. ¿Puedes ir a comprar cordero? •
f. ¿Hago tapas de chorizo? •
g. Voy a comprar una tarta para el postre. •

• 1. A la pescadería.
• 2. A la charcutería.
• 3. A la pastelería.
• 4. Al ultramarinos.
• 5. A la verdulería.
• 6. A la panadería.
• 7. A la carnicería.

(a – 4)

5 Complete las palabras.

• ¿Hago una ensalada para la cena?

○ ¡Genial! Me encanta la ensalada.

• Voy a poner __ __chu__ __, __ceit__ __ __s, __ __ ma__ __s, __ __mien__ __ __s, __ __párra__ __s, __ __ __ __lla, agua__ __ __ __...

○ No, agua__ __ __ __ no, no me gusta. P__ll__ , ch__ __ __zo...

• ¡Ch__ __ __zo en la ensalada! ¿Tú estás loco?

○ Vale, vale...

• Y un poco de __tú__ y s__ __chi__ __s.

○ ¡ __ __lchi__ __ __s en la ensalada! ¿Qué dices?

• Vale, vale...

6 Escriba el nombre de los alimentos.

la leche   el queso   la naranja   la mermelada   el arroz   el pomelo   el pescado

1. Son productos ricos en calcio. ________ ________
2. Tienen mucha vitamina C. ________ ________
3. A los gatos les encanta. ________
4. Se elabora con azúcar y fruta. ________
5. Es el ingrediente principal de la paella. ________

7 Conteste personalmente.

¿Sabe cocinar?
____
________________.

¿Qué platos españoles conoce?
____
________________.

¿Cuáles son sus alimentos favoritos?
____
________________.

¿Con qué frecuencia va al restaurante?
____
________________.

¿Cuáles son los platos típicos de su país?
____
________________.

¿Qué alimentos nunca come?
____
________________.

10 El restaurante

UN CLIENTE... ESPECIAL

Celia: Una mesa para dos, por favor.

Mariano: No, esta mesa no, está demasiado cerca de la puerta. Esa, mejor.

Camarero: Lo siento, está reservada. ¿Le va bien esta?

Mariano: Bueno, si no hay otra…

Camarero: Aquí tienen la carta.

Diez minutos después.

Camarero: ¿Han elegido ya?

Mariano: ¿Qué es el consomé real?

Camarero: Es una sopa con pollo, jerez y pan.

Mariano: Ah… Es que no me gusta el jerez… Bueno, de primero, tomaré… A ver… ¿Cuál es la especialidad de la casa?

Camarero: El gazpacho, está riquísimo.

Mariano: No, no me gusta. Tomaré una tortilla.

Celia: Y para mí, puré de verduras.

Mariano: Ah…. Yo también, puré de verduras.

Camarero: ¿Y de segundo?

Mariano: Paella.

Camarero: Ya no queda, lo siento.

Mariano: ¡Vaya! Bueno…. Pues… tomaré… pollo asado.

Celia: Yo, merluza.

Mariano: Ah… Yo también, merluza… No, no, pollo asado, pollo asado. Y para beber, vino tinto. Oiga, ¿me da otro tenedor? Este está sucio. Y me trae sal, por favor.

Más tarde…

Camarero: ¿Qué van a tomar de postre?

Celia: Yo no quiero postre, un café con leche, por favor.

Mariano: Para mí… ¿hay helado?

Camarero: Sí: fresa, turrón, bombón, nata, café, vainilla y limón.

Mariano: De fresa… no, de café, no… de fresa.

Más tarde…

Mariano: La cuenta, por favor.

LAS CUATRO COMIDAS

el desayuno → desayunar
la comida → comer
la merienda → merendar
la cena → cenar

EL MENÚ

las tapas
el primer plato
los entremeses
el segundo plato
el postre

Bebidas
el aperitivo
la cerveza
el refresco
el zumo

el vino blanco, rosado, tinto
el agua mineral, con gas
el cava

el café, el café con leche
el cortado
la infusión
el té

SOBRE LA MESA

el mantel
la servilleta

la jarra
la botella

el plato hondo, llano, de postre

la copa
el vaso

la taza
el tazón

el aceite, el vinagre
la sal, la pimienta

Los cubiertos
la cuchara
la cucharilla
el cuchillo
el tenedor

ADJETIVOS

Está...
amargo, amarga ≠ dulce
caliente, caliente ≠ frío, fría
crudo, cruda
picante, picante
rico, rica ≠ malo, mala
salado, salada ≠ soso, sosa
tierno, tierna ≠ duro, dura

La carne
poco hecha
hecha
muy hecha

VERBOS

beber
comer
masticar
pedir
poner la mesa ≠ quitar la mesa
probar
reservar
servir
tragar

OTRAS PALABRAS

el abridor
la bandeja
el camarero, la camarera
la carta
el cubito de hielo
la cuenta
las especias
la fuente
el palillo de dientes
la panera
la receta
el sacacorchos

Tengo hambre.
Tengo sed.
¡Que aproveche!

1 **Escriba las palabras en el crucigrama.**

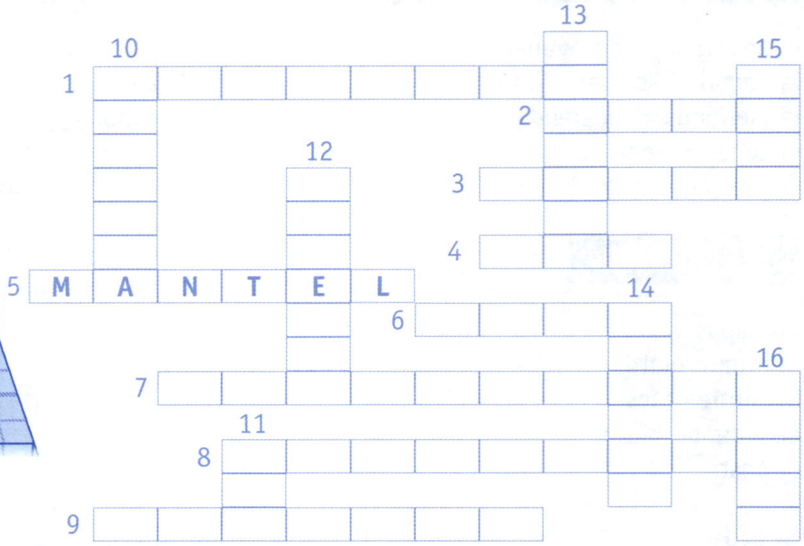

2 **Escriba los verbos correspondientes.**

la reserva →	la merienda →	el desayuno →
la bebida →	la comida →	la cena →

3 **¿Dónde se sirve cada alimento? Localice las palabras y relacione.**

4 **Relacione.**

a. el cubito	1. la mesa
b. el palillo	3. con leche
c. poner	4. plato
d. el plato	5. de hielo
e. el café	6. blanco
f. el vino	7. de dientes
g. el segundo	8. de postre

5 Indique la palabra intrusa.

1. ❒ tapas ☒ fuente ❒ entremeses
2. ❒ receta ❒ cerveza ❒ cava
3. ❒ leche ❒ jarra ❒ botella
4. ❒ cuchara ❒ tenedor ❒ hambre
5. ❒ picante ❒ salado ❒ cuenta
6. ❒ abridor ❒ comer ❒ beber
7. ❒ carta ❒ menú ❒ bandeja
8. ❒ pimienta ❒ refresco ❒ zumo

6 Ordene. Luego, indique a qué número del relato corresponde cada frase.

a. [ ] El camarero les trae la comida.
b. [ ] Ramón y Julia llegan al restaurante.
c. [ ] El camarero les da la carta y les pregunta qué quieren comer.
d. [ ] Se sientan y Ramón pide la carta.
e. [1] Ramón invita a Julia a cenar. Llama a un restaurante para reservar una mesa.
f. [ ] Ramón y Julia eligen solomillo y tarta de chocolate.
g. [ ] Ramón pide la cuenta y paga.
h. [ ] Ramón pide más pan.
i. [ ] A Ramón le encanta la tarta.
j. [ ] Ramón quiere cava para tomar con la tarta.
k. [ ] Ramón se toma un cortado y Julia una infusión.
l. [ ] A Julia no le gusta nada la carne.
m. [ ] El camarero les da una mesa.

a. 1 Quería reservar una mesa para esta noche.
b. ____ La cuenta, por favor.
c. ____ Mi carne está sosa y dura.
d. ____ Nos trae más pan, por favor.
e. ____ Aquí tienen la carta.
f. ____ Está muy rica.
g. ____ Para mí, de primero, solomillo.
h. ____ ¿Qué van a tomar?

7 Forme frases según cada modelo.

de primero/sopa ← De primero quiero sopa.
de segundo/pollo asado ← ____________________
de postre/fresas con nata ← ____________________

pescado/crudo ← El pescado está crudo.
café/frío ← ____________________
carne/poco hecha ← ____________________

la carta ← Camarero, me trae la carta, por favor.
más vino ← ____________________
otro vaso ← ____________________

COMPRANDO UNA FALDA

Dependienta: Hola. ¿Te puedo ayudar?
Noemí: Sí, mira, quería una falda de algodón con bolsillos para llevar con esta blusa.
Dependienta: ¿Qué talla usas?
Noemí: La 40.
Dependienta: Mira… Tenemos este modelo.
Enrique: ¡Me encanta! Pruébatela.
Dependienta: Los probadores están ahí, al fondo.

Dos minutos más tarde…

Dependienta: ¿Qué tal te queda?
Enrique: Noemí, sal, quiero verte.
Noemí: No, es que no me queda muy bien.
Enrique: No importa, sal.
Noemí: ¡Que no! Que es demasiado estrecha y demasiado corta. ¿Tienes una talla más grande?
Dependienta: Sí, toma.

Dos minutos más tarde…

Enrique: A ver… Sal…
Noemí: Espera… Es que…
Dependienta: Pues te queda… ¡fenomenal!
Noemí: ¿Tú crees? ¿No es demasiado corta?
Dependienta: ¡No, qué va! Se lleva así.
Enrique: A mí me encanta, ¿eh?
Noemí: Pues a mí no. No me gusta. Quiero otra un poco más larga con bol…
Enrique: ¡Mira qué jerseys de cuadros más bonitos! Me encantan. Ven, voy a comprarme uno.
Noemí: Oye, ¿y mi falda?

el abrigo
la blusa
la camisa
la camiseta
la cazadora
el chaleco
la falda
el jersey
el pantalón
el pijama
el top
el traje
los vaqueros
el vestido

el bañador
el biquini

ROPA DEPORTIVA

el chándal
la sudadera

ROPA INTERIOR

las bragas
los calcetines
los calzoncillos
las medias
los pantys
el sujetador

CALZADO

los zapatos
las botas
las zapatillas
las sandalias
las zapatillas de deporte
los cordones
el tacón

COMPLEMENTOS

la bufanda
el cinturón
la corbata
los guantes
el pañuelo
el paraguas
el sombrero

ESTAMPADOS

liso, lisa
de rayas
de cuadros
de flores
de lunares

MATERIALES

de piel
de algodón
de lana
de pana
de lycra

ADJETIVOS

Es...
ancho, ancha # ceñido, ceñida
estrecho, estrecha
corto, corta # largo, larga
formal # informal
grande # pequeño, pequeña
elegante

Está...
de moda # pasado de moda, pasada de moda

EN LA TIENDA DE ROPA

la dependienta
la etiqueta
el escaparate
la percha
el precio
el probador
las rebajas
la sección

VERBOS

abrocharse ≠ desabrocharse
cambiarse
llevar
ponerse # quitarse
probarse
vestirse # desnudarse

OTRAS PALABRAS

el bolsillo
los botones
la cremallera
el cuello
la manga
la moda
el número
la talla

¿Qué talla usa?
¿Qué número calza?
¿Me lo puedo probar?
¿Qué tal me queda?
Este jersey me hace muy gorda.
Me queda muy bien. ≠ Me queda mal.

1 **a. Añada las letras que faltan.**

B L U S A   F _ _ _ A   M _ _ _ _ S   Z _ _ _ _ _ S

C _ _ _ _ _ _ _ _ _ _ S   P _ _ _ _ _ _ _ _ S   B _ _ _ S

B _ _ _ _ S   C _ _ _ _ _ _ _ _ S   J _ _ _ _ Y

V _ _ _ _ _ _ S   C _ _ _ _ _ _ A   S _ _ _ _ _ _ _ R

S _ _ _ _ _ _ _ S   S _ _ _ _ _ _ A   T _ P   A _ _ _ _ O

P _ _ _ _ S   C _ _ _ _ _ O   Z _ _ _ _ _ _ _ _ S

b. Clasifique las palabras y escriba los artículos.

CALZADO	ROPA INTERIOR	PARA LAS PIERNAS	PARA EL TRONCO
			la blusa,

2 **Dibuje los siguientes estampados.**

verde liso	negro de rayas finas azules	rojo de flores amarillas	naranja lunares grises	de cuadros rosa y violeta

3 **Relacione.**

a. Está lloviendo. •   • 1. LA CORBATA
b. Hace frío. •   • 2. EL CINTURÓN
c. Voy a una cena de negocios. •   • 3. EL PARAGUAS
d. Para mis pantalones. •   • 4. LOS GUANTES
e. Para proteger mi cabeza del sol. •   • 5. EL SOMBRERO
f. Para proteger mis manos del frío. •   • 6. LA BUFANDA
g. Estoy constipado. •   • 7. EL PAÑUELO

4 **Complete los recuadros. (Algunas palabras van en varios recuadros.)**

el cuello   los cordones   el tacón   las mangas   de piel   la talla   de pana
abrocharse   de lana   el número   los bolsillos   los botones   probarse
quitarse   la cremallera   ponerse   de algodón   de cuadros

LOS ZAPATOS	los cordones,
LA CAMISA	
EL PANTALÓN	
EL JERSEY	

5 Complete las frases con las palabras de la lista.

sección corbata abrigo número rebajas precio

1. ¿Qué **número** calzas?
2. La ____________ de caballeros está en la tercera planta.
3. ¿Qué ____________ tiene esta camisa?
4. Hoy hace mucho frío, ponte el ____________.
5. Para ir a la oficina, Jorge tiene que ponerse un traje con ____________.
6. En los grandes almacenes han empezado las ____________.

6 Forme frases según el modelo.

1. vestido azul → **¿Puedo probarme el vestido azul del escaparate?**
   falda rosa → ____________
2. botas de piel → **Quería unas botas de piel.**
   un jersey de lana → ____________
3. pantalones de pana → **No me gustan los pantalones de pana.**
   sudaderas de cuadros → ____________

7 Diga lo contrario.

1. Esta falda es demasiado ancha. **Esta falda es demasiado ceñida.**
2. Este vestido me parece muy corto. ____________
3. Estos vaqueros están de moda. ____________
4. A Julia le gusta vestir de manera informal. ____________
5. Estos zapatos me quedan muy grandes. ____________

8 En la tienda. Diga quién habla: la dependienta (D), la clienta (C). Luego, ordene la conversación.

a.	D		Aquí tiene el vestido. Los probadores están al fondo.
b.			¿Puedo probarme el vestido azul del escaparate?
c.			Las cajas están allí, a la derecha.
d.		1	Buenos días, ¿puedo ayudarla?
e.			*(Cinco minutos después.)* ¿Qué tal le queda?
f.			Por supuesto, ¿qué talla usa?
g.			Uso la talla 42.
h.			Me queda muy bien. Me lo llevo.

UN NUEVO PISO

Roberto López, de la inmobiliaria Casabuena, llama a Beatriz para enseñarle un nuevo piso.

Beatriz: ¿Dígame?

Roberto: Buenos días, soy Roberto López, de la agencia Casabuena. Mire, la llamo porque ya tenemos un piso para usted. ¿Puede pasar a verlo ahora?

Beatriz: Sí, por supuesto. ¿Cuál es la dirección?

Roberto: Es muy céntrico y está muy bien comunicado. Está en el 44 de la calle del Dolor. ¿Dentro de veinte minutos le viene bien?

Beatriz: Perfecto, hasta ahora.

Una hora después…

Beatriz: Buenos días, perdone, siento llegar tarde, es que hay mucho tráfico y aquí es imposible aparcar. Oiga, ¿el piso tiene plaza de garaje?

Roberto: Eh… no, no, pero no se preocupe, por las tardes es más fácil aparcar. Va a ver, es un piso fantástico, fantástico. Le va a encantar. Vaya, no encuentro la llave… Ah, es esta. El ascensor está averiado, vamos a subir por la escalera. Es un sexto piso.

Beatriz: ¡¡Un sexto piso!!

Roberto: Pase, pase. Mire, la cocina, bonita, ¿eh? Da a un patio. Y aquí a la derecha, el salón y el comedor, tienen una moqueta preciosa.

Beatriz: ¡¡De cuadros!! No tienen mucha luz. ¿El salón no tiene terraza?

Roberto: Tiene un balcón muy grande. Y aquí, al final del pasillo, el baño. Muy bonito, ¿verdad? Esta es la habitación, es preciosa, ¿no?

Beatriz: ¡¡Da a la calle!!

Roberto: Ah… No se preocupe, el ruido es porque la ventana está abierta. Voy a cerrarla. Ya no se oye nada.

Beatriz: Sí… pero ¡qué calor! ¿No tiene aire acondicionado?

Roberto: No, pero puede poner ventiladores.

Beatriz: ¿Qué es eso?

Roberto: Es el niño del vecino, los sábados toca música con sus amigos, pero no se preocupe, entre semana va al colegio. Bueno, ¿qué le parece el piso? ¡Fantástico!, ¿verdad? ¡Y el alquiler sólo cuesta 735 € al mes.

Beatriz: ¡¡¡735 € al mes!!!

el apartamento
el ático
la casa
el chalé
el piso

HABITACIONES

la cocina
el comedor
el cuarto de baño
el desván
el garaje
la habitación, el dormitorio
el pasillo
el retrete
el salón
el sótano

el balcón
el jardín
el patio
la terraza

ELEMENTOS E INSTALACIONES

el buzón
la chimenea
los cristales
la escalera
el fregadero
el muro
la pared
la puerta
el suelo
el techo
el tejado
el telefonillo
el timbre
la ventana

Es...
amueblado
céntrico
interior ≠ exterior
soleado

Está...
bien comunicado ≠ mal comunicado
amueblado, amueblada
sin amueblar

Tiene...
aire acondicionado
ascensor
calefacción central
moqueta
mucha luz
plaza de garaje
parqué
portero automático

VERBOS

abrir la puerta ≠ cerrar la puerta
alquilar
amueblar
cerrar con llave
decorar
encender la luz ≠ apagar la luz
llamar a la puerta
subir por la escalera
vivir

OTRAS PALABRAS

el alquiler
el descansillo
la dirección
la llave
el vecino

El salón da a un jardín.
Se alquila.

1 **a. Coloque los pequeños recuadros en la sopa de letras y lea, horizontalmente, el nombre de diez habitaciones.**

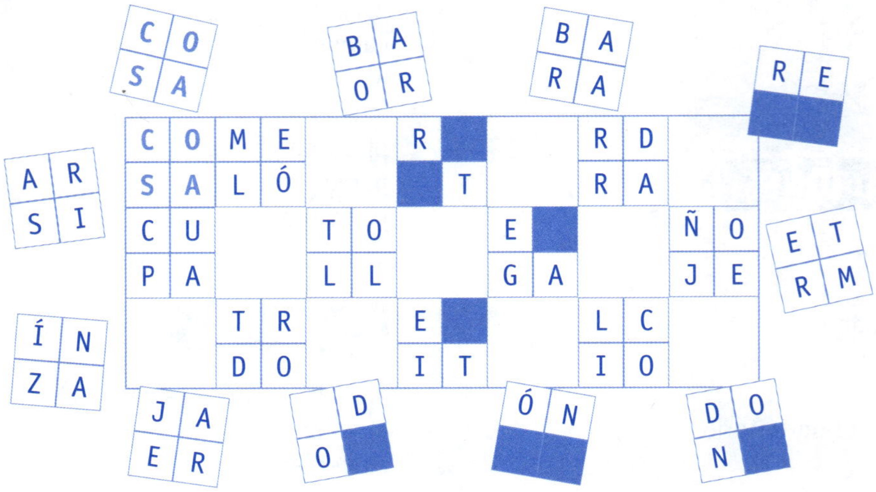

b. Copie las palabras por orden alfabético y añada los artículos. Escriba el nombre de otros cuatro lugares de la casa.

________________ ________________ ________________

________________ ________________ ________________

___ C__ __ __ __A ___ D__ __ __ __N ___ S__ __ __ __O ___ P__ __ __O

2 **Diga si los siguientes elementos se encuentra dentro (D) o fuera (F) del piso.**

1. [D] el techo
2. [ ] el buzón
3. [ ] el tejado
4. [ ] el timbre
5. [ ] el ascensor
6. [ ] el patio
7. [ ] el fregadero
8. [ ] el retrete
9. [ ] la calefacción central
10. [ ] la escalera
11. [ ] el telefonillo
12. [ ] el descansillo

3 **Relacione.**

a. las plantas •	• 1. EL TEJADO
b. la tele •	• 2. LA PARED
c. la chimenea •	• 3. EL SUELO
d. las llaves •	• 4. EL BALCÓN
e. los cristales •	• 5. LAS VENTANAS
f. el cuadro •	• 6. LA PUERTA
g. la moqueta •	• 7. EL SALÓN

4 **Complete las expresiones.**

un piso bien <u>comunicado</u> subir por la ________ el portero ________

cerrar con ________ llamar a la ________ la calefacción ________

el aire ________ la plaza de ________ encender la ________

acondicionado comunicado puerta automático luz llave escalera garaje central

5 Relacione cada actividad con una habitación.

a. Voy a preparar la comida. • — • 2. LA COCINA
b. Mi abuelo está viendo la tele. •
c. El bebé está durmiendo. •
d. Mi padre se va a duchar. •
e. Son las dos, ¡a comer! •

• 1. EL SALÓN
• 2. LA COCINA
• 3. EL CUARTO DE BAÑO
• 4. LA HABITACIÓN
• 5. EL COMEDOR

6 Complete la conversación telefónica con las palabras de la lista.

cocina garaje amueblado piso acondicionado soleado central
comedor comunicado ascensor alquiler terraza da

- Buenos días, llamo por el anuncio del ___piso___.
- Es un cuarto, con ______________. Tiene una habitación, una ______________, un ______________ con una ______________ grande, y un cuarto de baño. Está ______________. Está muy bien ______________; cerca hay tres paradas de autobús.
- ¿Y tiene mucha luz?
- Sí, es muy ______________. Todas las habitaciones son exteriores y la cocina ______________ a un jardín.
- ¿Tiene calefacción?
- Sí, tiene calefacción ______________ y también aire ______________.
- ¿Tiene plaza de ______________?
- No, pero en la calle se puede aparcar muy bien.
- ¿Cuánto cuesta el ______________?
- 650 euros al mes.
- ¡650 euros! Es demasiado caro.

7 Complete los bocadillos.

puerta ventana buzón pared escaleras llaves jardín vecina

1. El cartero deja las cartas en el ___buzón___.
2. Hace calor, ¿puedo abrir la ______________?
3. Llaman a la ______________, voy a abrir.
4. He colgado un cuadro en la ______________ del comedor.
5. No puedo entrar, he olvidado las ______________ en la oficina.
6. Detrás de mi casa hay un ______________ con flores.
7. La ______________ del quinto es muy ruidosa.
8. El ascensor está averido, tenemos que subir por las ______________.

13 La casa: muebles y objetos

LA LISTA DE BODA

Andrea y Eduardo van a casarse. Ya tienen casa y algunos muebles.
Están en el jardín haciendo la lista de boda.

Andrea: Cariño, ¿empezamos por los electrodomésticos?

Eduardo: Vale, cariño.

Andrea: Mira, me encanta esta batidora, ¿la pedimos? Y esta cafetera, ¡qué bonita! También voy a poner este microondas, esta plancha y esta aspiradora azul.

Eduardo: También necesitamos una lavadora y una nevera.

Andrea: No, no, eso es el regalo de mis padres. Y los tuyos, ¿qué nos van a regalar?

Eduardo: Un lavavajillas, cariño.

Andrea: Ah sí… es verdad.
Ay… Mira, ¡qué florero tan bonito! Para poner en la mesa del salón o en la estantería. Y estas cortinas verdes para el comedor, ¡son preciosas! ¡Me encantan estos cojines, para poner en el sofá y los sillones!
Mira, este aparador es muy original.

Eduardo: Sí, se parece un poco al nuestro. ¿Pedimos esta tele de pantalla plana?

Andrea: Es un poco cara, ¿no?

Eduardo: No, no, ¡qué va! Para la habitación, ¿qué necesitamos?

Andrea: A ver… Me encantan estas sábanas de flores… Mira esta colcha, ¡es preciosa! ¿Y este despertador? ¡¡Superoriginal!!

Eduardo: Sí, cariño. ¿Pedimos esta lámpara, también? Sobre la cómoda, va a quedar fenomenal!

Andrea: Mira las alfombras… Ay… ¡¡esta me gusta mucho!! A ver… ¿Qué más? ¿Te gustan estas toallas? ¿Pedimos doce?

Eduardo: Y doce manoplas también. Mira este espejo, para poner sobre el lavabo.

Andrea: Sí, ¡qué bonito! Mira, también voy a pedir estos vasos para la pasta dental y el cepillo de dientes, son muy originales.

Eduardo: Voy yo, cariño.

Andrea: Vale. ¡Qué sillas más bonitas! A ver, los armarios…

EN LA HABITACIÓN

el armario
el cajón
la cama
la cómoda
la mesilla
el ropero
el tocador

la almohada
la colcha
el colchón
la manta
la sábana

la alfombra
el despertador
la lámpara

COCINA, SALÓN Y COMEDOR

el aparador
las cortinas
el cojín
el cuadro
la estantería
el florero
la mesa
la moqueta
la silla
el sillón
el sofá
la tele

ELECTRODOMÉSTICOS

la aspiradora
la batidora
la cafetera
el congelador
el extractor
el horno
la lavadora
el lavavajillas
el microondas
el secador
la nevera
la plancha

CUARTO DE BAÑO E HIGIENE

el baño
el bidé
la ducha
el espejo
el grifo
el lavabo
el retrete

el cepillo
el cepillo de dientes
el peine

el champú
el desodorante
el jabón
la pasta dental
la pastilla de jabón
el perfume

la manopla
la toalla

afeitarse
asearse
ducharse
lavarse
lavarse los dientes
maquillarse
peinarse
secarse

1 **a. Relacione las dos partes de cada nombre de mueble. Escriba los artículos (el, la).**

el aparador	

MODA TERÍA ARMA APA TOCA FÁ ROPE LLÓN CA SA DOR RADOR ME SO ME SILLA RO SI ESTAN SI CÓ LLA MA RIO

b. Clasifique las palabras con los artículos (el, la). Algunas pueden ir en las dos columnas.

LA HABITACIÓN	EL SALÓN, EL COMEDOR
	el aparador,

2 **Relacione.**

a. el cojín
b. la almohada
c. la colcha
d. el despertador
e. las mantas
f. los pantalones
g. la alfombra
h. la cortina
i. la lámpara
j. las sábanas

1. EL ARMARIO
2. EL SOFÁ
3. LA VENTANA
4. LA MESILLA
5. LA CAMA
6. EL SUELO

3 **Escriba las palabras con el artículo.**

para secarse las manos	L A	T O A L L A	para lavarse el cuerpo	____	J__ __ __N
para peinarse	____	P__ __ __E	para obtener agua	____	G__ __ __O
para lavarse el pelo	____	C__ __ __ __Ú	para oler bien	____	P__ __ __ __ __E
para mirarse	____	E__ __ __ __O	para cepillarse el pelo	____	C__ __ __ __ __O

4 **Ordene las palabras.**

1. mesa/florero./Sobre/un/la/hay Sobre la mesa hay un florero.
2. y/hay/sillones./En/el/sofá/salón/un/dos ______________________
3. la/está/El/lado/mesa./aparador/al/de______________________
4. son/Las/salón/cortinas/del/azules. ______________________

5 Dibuje la habitación.

La cama está a la izquierda de la puerta.
Entre la cama y la pared hay una mesilla.
Hay tres cojines sobre la cama.
Debajo de la ventana hay una cómoda.
El armario está enfrente de la puerta.
Hay una alfombra entre el armario y la cama.
Hay una silla a la izquierda de la cómoda.

6 Complete las frases con los electrodomésticos de la lista.

cafetera microondas batidora nevera horno congelador

1. Quiero hacer gazpacho, ¿dónde está la **batidora**________?
2. No puedo hacer café, la ____________ está rota.
3. ¿Hay helados? – Sí, en el ____________.
4. Por favor, pon las verduras y los refrescos en la ____________.
5. Todos los domingos, mi madre hace un pollo en el ____________.
6. No tengo ganas de cocinar, voy a calentarme unos congelados en el ____________.

7 ¿Qué necesitan?

desodorante jabón pasta dental un peine una toalla un cepillo de dientes champú una manopla perfume

1. Ricardo tiene que peinarse. — **un peine** ____________
2. Paco va a lavarse el pelo — ____________ ____________
3. Mario sale de la ducha. — ____________ ____________
4. Bea quiere lavarse los dientes. — ____________ ____________
5. Sofía va a una entrevista de trabajo y quiere oler bien. — ____________ ____________
6. Rubén se está duchando. — ____________ ____________

14 El tiempo atmosférico

CONTANDO LAS VACACIONES

Dos parejas de amigos (Merche y Julián, Manoli y Pepe,) se están contando las vacaciones: en julio, Merche y Julián estuvieron una semana en la sierra, y Manoli y Pepe, quince días en la playa.

Merche: Bueno, ¿qué tal las vacaciones en la sierra?

Manoli: ¡Fatal!

Julián: ¿Fatal?

Pepe: Sí, fatal. El primer día llegamos a la casita: hace bueno, brilla el sol, todo genial.

Manoli: Nos ponemos las botas para hacer una excursión y salimos. A los tres kilómetros, empiezan a llegar unas nubes… Sí, enormes, negras… Y se pone a llover.

Pepe: ¡A cántaros! Y un frío…

Manoli: Sí, horroroso. Total, que volvemos a casa corriendo.

Pepe: Y de repente, a unos cien metros de la casa, ¡un granizo!

Merche: ¿Granizo?

Manoli: Sí, ¡como bolas de golf!

Julián: ¡Qué dices!

Manoli: Sí, chico, sí… Llegamos a casa, empapados, claro…

Pepe: Y toda la noche, tormenta. Relámpagos, truenos, rayos, lluvia… Toda la noche.

Manoli: ¡¡Sin parar!! Imposible dormir. ¡¡Y no nevó, porque estamos en verano!!

Pepe: Y todos los días igual, lluvia, viento, frío…

Manoli: Y el último día, por la tarde, justo cuando nos vamos… deja de llover…

Pepe: ¡¡Y hace bueno!!

Merche: ¡¡Vaya!! Pues nosotros tuvimos un tiempo fantástico, hizo calor y fuimos a la playa todos los días.

Manoli: Sí, ¡estás muy morena! ¡Qué suerte!

Merche: ¡Está lloviendo! ¡¡Vaya!!

Manoli: ¡Va, nosotros estamos acostumbrados! Pepe, ¿me das mi paraguas? Está en mi bolso.

¿Qué tiempo hace?

Brilla el sol.
Hace frío.
  el frío

Hace calor.
  el calor

Hace mucho calor.
  el bochorno

Hace bueno.
Hace malo.
Hace sol.

Está lloviendo.
  la lluvia
  el chubasco

Está nevando.
  la nieve
  el copo de nieve

Está granizando.
  el granizo

Hay tormenta.
  el rayo
  el relámpago
  el trueno

Hay hielo.
Hay viento.
Hay niebla.

El cielo está nublado.
  la nube

El cielo está despejado.

el arco iris
el aire
el cielo
el clima
los grados
el paraguas
el parte meteorológico
el rayo de sol
el rocío
la sombra
el sol
la temperatura
el termómetro

ADJETIVOS

soleado, soleada
caluroso, calurosa
fresco, fresca
lluvioso, lluviosa
húmedo, húmeda

Estamos a tres grados bajo cero.
Llueve a cántaros.

1 Localice en la sopa de letras 13 palabras relacionadas con el clima. Escriba los artículos (el, la).

LA TEMPERATURA

____ C__ __ __R

____ G__ __ __ __ __O

____ C__ __ __ __ __ __O

____ T__ __ __ __ __ __A

____ V__ __ __O

____ N__ __ __A

____ B__ __ __ __ __ __O

____ S_L ____ F__ __O ____ H__ __ __O ____ T__ __ __ __O ____ C__ __ __O

T	O	R	M	E	N	T	A	V	I	E	R
E	C	A	N	E	G	R	A	N	I	Z	O
M	V	I	E	N	T	O	P	I	H	R	E
P	I	B	O	M	R	U	S	C	I	E	T
E	S	O	J	L	U	K	B	O	E	S	I
R	E	C	N	I	E	B	L	A	L	I	C
A	P	H	I	O	N	R	S	F	O	B	A
T	A	O	T	L	O	N	I	R	U	B	L
U	L	R	C	I	E	L	O	Í	Z	A	O
R	Y	N	T	C	L	U	M	O	V	T	R
A	V	O	M	T	I	S	O	L	P	L	A
L	A	F	E	C	H	U	B	A	S	C	O

2 Dibuje.

el sol	un relámpago	una nube
un paraguas	gotas de lluvia	un copo de nieve

3 Indique la palabra intrusa.

1. ❐ lluvia ☒ sombra ❐ chubasco
2. ❐ rocío ❐ rayo ❐ trueno
3. ❐ cielo ❐ bochorno ❐ calor
4. ❐ nieve ❐ granizo ❐ sol
5. ❐ nieve ❐ copo ❐ aire
6. ❐ grados ❐ paraguas ❐ temperatura

4 Clasifique las palabras.

el sol el granizo nublado brillar el paraguas la lluvia el calor soleado
llover nevar la tormenta granizar hacer sol el rayo de sol hacer calor
caluroso 3 grados hacer frío el chubasco 25 grados lluvioso

EL MAL TIEMPO			EL BUEN TIEMPO		
Nombres	Adjetivos	Verbos	Nombres	Adjetivos	Verbos
el granizo,					

5 ¿Qué tiempo hace?

Está lloviendo. ____________ ____________ ____________

____________ ____________ ____________ ____________

6 Relacione.

a. Estamos a cinco grados bajo cero.
b. Llueve a cántaros.
c. Está nevando.
d. ¡Qué bueno hace hoy!
e. Estamos a treinta y dos grados.
f. Hoy hace mucho sol.
g. El granizo ha cubierto la carretera.
h. ¡Tengo que ponerme el abrigo!
i. ¿Vamos a la playa?

1. HACE BUENO.
2. HACE MALO.

7 Conteste diciendo lo contrario.

1. ¿Hace frío? — No, hace calor.
2. ¿El cielo está despejado? — ____________
3. ¿Hace bueno? — ____________
4. ¿Estamos a cinco grados sobre cero? — ____________

8 Complete las frases con las palabras de la lista.

sol llover temperaturas parte hielo nevado sombra

1. Según el parte meteorológico, mañana va a nevar.
2. Hoy es muy peligroso circular en coche porque hay ____________ en las carreteras.
3. ¿Me prestas tu paraguas? Va a ____________.
4. Ha ____________ en la sierra, vamos a poder esquiar.
5. Este fin de semana van a subir las ____________.
6. Si el fin de semana hace ____________, vamos a la playa.
7. El gato está durmiendo a la ____________ de un árbol.

¿QUEDAMOS LA SEMANA QUE VIENE?

Víctor: Sí, ¿dígame?
Álvaro: Hola, soy Álvaro.
Víctor: Hola Álvaro.
Álvaro: ¿Está tu hermana?
Víctor: No, lo siento. Todos los sábados por la mañana va a clase de inglés.
Álvaro: Ah… Bueno, pues la llamo esta tarde, gracias. Adiós.
Víctor: Adiós.

A las cuatro de la tarde.

Víctor: ¿Diga?
Álvaro: Hola, soy Álvaro. ¿Me pones con Esther, por favor?
Víctor: Sí, un minuto, ahora se pone.
Esther: Sí.
Álvaro: Esther, soy Álvaro. ¿Qué tal? ¿Vamos al cine esta noche a ver la última película de Almodóvar?
Esther: No, la vi la semana pasada.
Álvaro: Ah… Bueno, pues podemos ver otra.
Esther: No, esta noche no puedo, salgo con Elena.
Álvaro: ¿Y mañana?
Esther: No puedo. Este fin de semana tengo muchas cosas que hacer.
Álvaro: ¿Y la semana que viene, el lunes o el martes?
Podemos ir a cenar al Quijote.
Esther: No, estuve ayer con Alberto.
Álvaro: Ah… ¿Quedamos el jueves para jugar al tenis?
Esther: ¿Al tenis? No, he jugado esta mañana con Belén.
Álvaro: Oye… ¿Y qué haces el viernes?
Esther: Álvaro, no pue-do, ¿va-le? Adiós.
Álvaro: Adiós.
Esther: Ni hoy, ni mañana, ni la semana que viene, ni el mes que viene. ¡¡Pfff!!

LOS DÍAS DE LA SEMANA

lunes
martes
miércoles
jueves
viernes
sábado
domingo

el fin de semana

LOS MESES DEL AÑO

enero
febrero
marzo
abril
mayo
junio
julio
agosto
septiembre
octubre
noviembre
diciembre

LAS ESTACIONES

la primavera
el verano
el otoño
el invierno

EL DÍA

la mañana
el mediodía
la tarde
la noche

el amanecer
el anochecer

el segundo
el minuto
la hora

¿CUÁNDO?

anteayer, antes de ayer
ayer
hoy
esta mañana/esta tarde/esta noche
mañana
pasado mañana

el miércoles pasado
el miércoles que viene
la semana pasada
la semana que viene
el mes pasado
el mes que viene
el año pasado
el año que viene

por las mañanas
por las tardes
por las noches

OTRAS PALABRAS

la agenda
el calendario
el despertador
la fecha
el pasado/el presente/el futuro
el reloj
el siglo

¿Qué día es hoy?
¿A cuánto estamos?
Hoy es lunes 2 de agosto.
Estamos a miércoles 6 de abril.

Más vale tarde que nunca.
El tiempo es oro.

1 **Complete el crucigrama con los nombres de los siete días, los doce meses y las cuatro estaciones.**

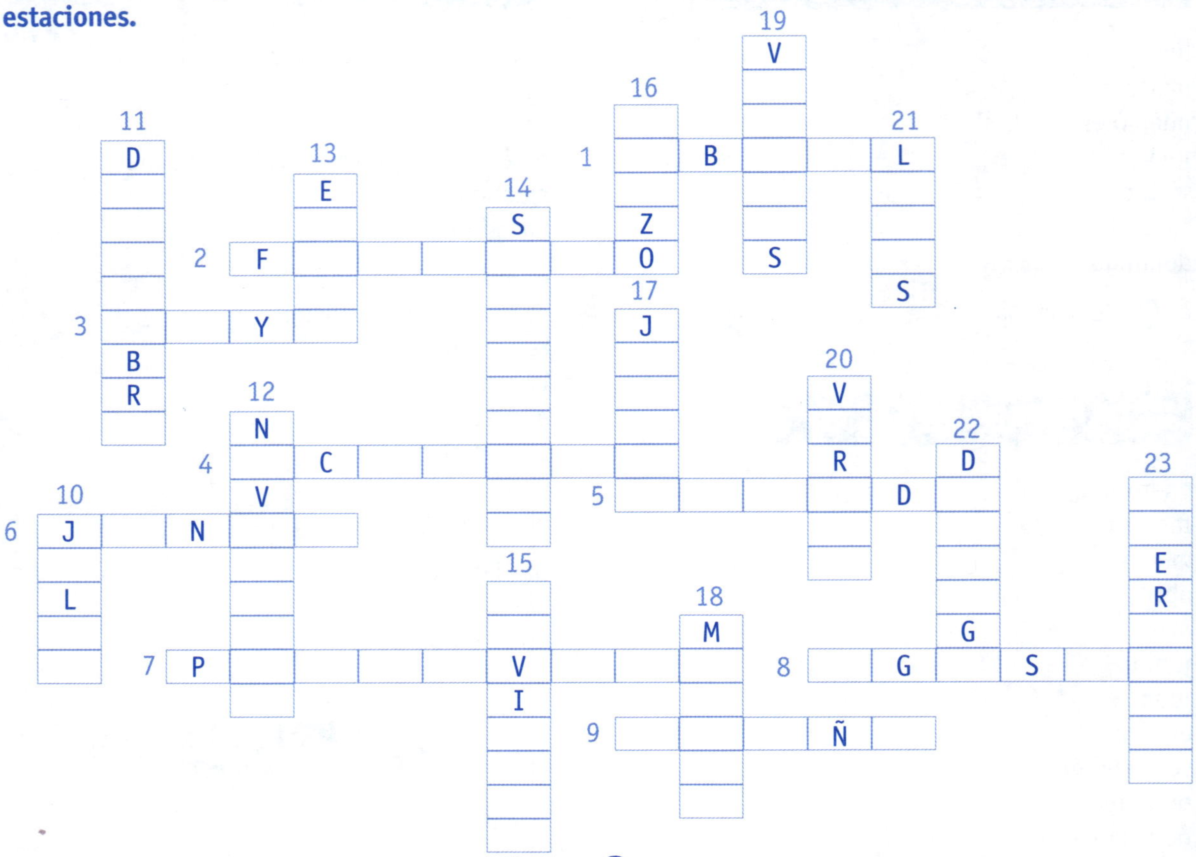

2 **Ordene cronológicamente.**

a. ☐ mañana
b. 1 hace tres años
c. ☐ la semana pasada
d. ☐ ayer
e. ☐ el año pasado
f. ☐ pasado mañana
g. ☐ dentro de tres meses
h. ☐ hace cinco meses
i. ☐ dentro de cuatro días
j. ☐ hoy
k. ☐ el mes pasado

3 **Calcule y escriba las fechas.**

30 de junio + 9 días ______

7 de mayo - 13 días ______

22 de enero - 33 días ______

15 de agosto + 22 días ______

4 **¿A qué palabra corresponde cada definición?**

Sesenta minutos. una hora

Trescientos sesenta y cinco días. ______

Día + mes + año. ______

Cien años. ______

En un minuto hay sesenta. ______

Contrario de anochecer. ______

5 Forme frases según el modelo.

Clara: 12/05 → El cumpleaños de Clara es el doce de mayo.

Gloria: 17/09 → ______

Cristóbal: 30/11 → ______

José: 13/02 → ______

6 Conteste a cada pregunta, personalmente.

¿Qué día es hoy? ______

¿Cuál es su día preferido de la semana? ______

¿Cuándo cumple años? ______

¿En su país, qué día empieza la primavera? ______

¿Qué mes del año no le gusta? ______

¿Adónde le gusta ir en verano: al campo, a la montaña o a la playa? ______

7 Complete las frases con las palabras de la lista.

pasado agenda despertador reloj calendario invierno estamos tardes que viene

Esta mañana no ha sonado el despertador.

1. Hoy ______ a miércoles.
2. El año ______ estuvimos en Roma.
3. El verano ______ vamos a ir a Marbella.
4. He comprado una ______ para apuntar los números de teléfono de mis amigos.
5. No sé qué hora es, he perdido mi ______.
6. ¿Puedes mirar en el ______ en qué día cae Navidad?
7. En ______ esquiamos en los Pirineos.
8. Por las ______ Julia vuelve del trabajo a las seis.

8 Escriba en los recuadros: la mañana, el mediodía, la tarde o la noche.

¿Dónde comemos hoy?	el mediodía
Voy a acostarme, hasta mañana.	
Te invito a cenar en un restaurante japonés.	
Niños, ¿qué queréis para merendar?	
Beatriz, levántate, tienes que ir al colegio.	

¡TAXI, AL HOSPITAL!

Virginia: ¡Ay, el niño, que viene el niño!
¡Taxi! ¡Taxi!
Al hospital Santa María de la Concepción,
¡deprisa, por favor!

Taxista: ¿El hospital Santa María de la Concepción?
No sé dónde está, voy a mirar en el plano.

Virginia: Está en las afueras al lado de la universidad. Yo le indico el camino, ¡deprisa, por favor! Gire por la primera calle a la derecha, ahora siga todo recto. ¡Ay, el niño, que viene el niño! El autobús… ¡¡Cuidado!!

Taxista: No se preocupe, señora.

Virginia: Ahora, tuerza a la derecha, después de la glorieta.
¡Deprisa, por favor!

Taxista: Es que hay un atasco, señora.

Virginia: ¡Ay, el niño, que viene el niño!

Taxista: Vale, vale… Voy a subirme por la acera.

Virginia: El buzón, ¡¡cuidado!! Gire a la derecha después del ayuntamiento. ¡Ay, el niño, que viene el niño!
¡¡Cuidado, la cabina telefónica!!

Taxista: Vale, vale…

Virginia: Ay, el niño, que viene el niño!
¡Cuidado, se ha saltado un semáforo!

Policía: La documentación del coche, por favor.

Virginia: ¡Ay, el niño, que viene el niño!

Policía: Señora, no se preocupe.
Sígame.

LA CALLE

la acera
la avenida
la calle
la calle peatonal
el cruce
la esquina
la glorieta
el paseo
el paso de cebra
el peatón
el puente
la plaza
la plaza mayor
la señal de tráfico

MONUMENTOS Y EDIFICIOS

Transporte
el aeropuerto
la estación

Diversión
la biblioteca
el cine
el jardín público
el museo
la oficina de turismo
el parque
la piscina
el teatro
el zoo

Estudios
el colegio
el instituto
la universidad

Otros
el ayuntamiento
la catedral
el cementerio
la comisaría
el hospital
el hotel
la iglesia
el mercado
la oficina de correos
el parque de bomberos
el rascacielos

TRANSPORTE

el aparcamiento
el atasco
la carretera de circunvalación
el carril-bici
la multa
el semáforo
el tráfico

la boca de metro
la parada de autobús

el autobús
el coche
la moto
el metro
el taxi
el tranvía
el tren de cercanías

VERBOS

aparcar
circular
cruzar
girar, torcer
pasear
perder el autobús
saltarse un semáforo
seguir recto
visitar
vivir

ADJETIVOS

antiguo, antigua
comercial
moderno, moderna

OTRAS PALABRAS

las afueras
el barrio
el buzón
la cabina telefónica
el casco antiguo
el centro
la fuente
el habitante
la manzana
la papelera
el plano
las zonas verdes

Prohibido aparcar.

1 Escriba quince nombres de cosas, lugares y monumentos que puede ver en la calle. Todas deben contener las letras a y e.

un paso de cebra				

2 Dibuje.

un puente	una bici	un cruce	una fuente	un buzón

3 Complete las listas.

la avenida, el paseo, la calle

el autobús, el metro, ____________

la universidad, el colegio, ____________

el cine, el museo, ____________

4 Relacione.

a. aparcar
b. pasear
c. visitar
d. nadar
e. estudiar
f. ver una película
g. cruzar la calle

1. la acera
2. un museo
3. la universidad
4. el aparcamiento
5. la piscina
6. el paso de cebra
7. el cine

5 Complete. Luego, clasifique las palabras (escriba los números).

1. el paso de cebra
2. el ____________ público
3. la oficina de ____________
4. la calle ____________
5. la parada de ____________
6. la ____________ de correos
7. la ____________ de metro
8. el tren de ____________
9. el ____________ de bomberos
10. la cabina ____________

TRÁFICO	OTRAS PALABRAS
1,	

11. la ______________________ de circunvalación

12. saltarse un ______________________

13. el ______________________ antiguo

14. la señal de ______________________

15. las ______________________ verdes

6 **Complete el texto con las palabras que faltan.**

Vivo en una pequeña c__ __ __ __d. Tiene ocho mil h__ __ __ __ __ __ __ __s. Es una ciudad tranquila con muchas z__ __ __s verdes. Tiene un c__ __ __o antiguo con mo__ __ __ __ __ __ __s del siglo XVII. En la plaza mayor están la i__ __ __ __ __a, el ay__ __ __ __ __ __ __ __to, el m__ __ __ __do y la oficina de c__ __ __ __ __s. En el centro de la plaza hay una fu__ __ __e con una estatua de Carlos V. En las afueras están el h__ __ __ __ __ __l, el c__ __ __ __ __ __rio, la c__ __ __ __ __ __ía y el parque de b__ __ __ __ __ __s.

7 **¿Dónde puede oír estas frases?**

1 ¿Qué monumentos puedo visitar?

2 Me encanta este libro.

3 ¡No sé nadar!

4 Esta película es un rollo.

5 Yo, Ramón Beltrán, tomo por esposa a Julia Molina.

6 Marcos, abre el libro por la página 23.

7 ¿Tiene habitaciones individuales?

8 Me duele mucho la pierna.

9 ¡He perdido el tren!

10 ¿Este autobús pasa por la plaza de Carlos V?

1: en la oficina de turismo ______________________

____

____

8 **Elija la opción correcta.**

1. Mi calle es muy ruidosa.
   - ☐ Porque hay poco tráfico.
   - ☒ Porque hay mucho tráfico.

2. Mi barrio está muy bien comunicado.
   - ☐ Tiene seis paradas de autobús.
   - ☐ Tiene una parada de autobús.

3. El policía me ha puesto una multa.
   - ☐ Porque me he saltado un semáforo.
   - ☐ Porque me he puesto el cinturón de seguridad.

4. Hoy he llegado tarde al trabajo.
   - ☐ Porque he perdido el autobús.
   - ☐ Porque he ido en metro.

5. Hay un atasco en la carretera de circunvalación.
   - ☐ Los coches van muy deprisa.
   - ☐ Los coches no avanzan.

EN EL CENTRO COMERCIAL

Hombre 1:	Perdone, ¿sabe dónde hay una farmacia?
Hombre 2:	Sí, mire, hay una allí, al lado de la zapatería.
Hombre 1:	Está cerrada. ¿Sabe dónde hay otra?
Hombre 2:	A ver… Mm… Sí, ¿ve aquella librería de la esquina? Pues la farmacia está justo después.
Hombre 1:	Sí, ya la veo, enfrente de la zapatería. Muchas gracias.

Dependienta:	¿La atienden?
Marina:	Quería este reloj del escaparate.
Dependienta:	Aquí tiene, es muy bonito, ¿verdad?
Marina:	Sí, ¿cuánto cuesta?
Dependienta:	Cincuenta euros.
Marina:	Me lo llevo. ¿Puedo pagar con tarjeta?
Dependienta:	Sí.
Marina:	¿Me lo puede envolver para regalo?
Dependienta:	Por supuesto.

Matías:	¿Tienes una moneda de un euro para el carrito?
Irene:	A ver… Sí toma. Mira, hay rebajas en la tienda de ropa. ¿Vamos?
Matías:	¿Ahora?
Irene:	Sí. Pero primero necesito sacar dinero. Ahí está el cajero automático. Luego vamos a la zapatería y a la joyería y…
Matías:	¿Y el súper?
Irene:	Luego, luego, tenemos tiempo.

TIENDAS Y COMERCIOS

Alimentación

el bar
la cafetería
la cervecería
el restaurante
  el camarero, la camarera

la carnicería
  el carnicero, la carnicera
la charcutería
  el charcutero, la charcutera
la frutería
  el frutero, la frutera
la gran superficie
la panadería
  el panadero, la panadera
la pastelería
  el pastelero, la pastelera
la pescadería
  el pescadero, la pescadera
el supermercado
la tienda de ultramarinos
  el tendero, la tendera

Otros

la tienda de ropa
  el dependiente, la dependienta
la zapatería
  el zapatero, la zapatera

el banco
el centro comercial
la droguería
el estanco
  el estanquero, la estanquera
la farmacia
  el farmacéutico, la farmacéutica
la floristería
  el/la florista
el gran almacén
  el dependiente, la dependienta
la joyería
  el joyero, la joyera
la librería
  el librero, la librera
la peluquería
  el peluquero, la peluquera
la perfumería
el quiosco

OTRAS PALABRAS

la caja
el cajero automático
el carrito
el escaparate
el precio
las rebajas
la sección

la moneda
el billete

VERBOS

atender
comprar
elegir
ir de compras
pagar con tarjeta
pagar en metálico
pedir
vender

¿Le atienden?
¿Cuánto cuesta...?
¿Cuánto es?
¿Me lo puede envolver para regalo?
¿Admiten tarjetas?
No tengo cambio.

1 Complete las listas (1 = comercio, 2 = nombre masculino, 3 = nombre femenino).

a.
1. la carnicería
2. el caricero
3. la carnicera

b.
1. ______
2. el zapatero
3. ______

c.
1. ______
2. ______
3. la frutera

d.
1. la panadería
2. ______
3. ______

e.
1. ______
2. el librero
3. ______

f.
1. ______
2. ______
3. la pastelera

g.
1. la farmacia
2. ______
3. ______

h.
1. ______
2. el florista
3. ______

i.
1. ______
2. ______
3. la peluquera

j.
1. el restaurante
2. ______
3. ______

k.
1. ______
2. el pescadero
3. ______

l.
1. ______
2. ______
3. la joyera

2 Relacione cada producto con un comercio de la actividad 1.

1. botas la zapatería
2. atún ______
3. una tarta de fresas ______
4. rosas ______
5. aspirina ______
6. un diccionario ______
7. una chuleta de cerdo ______
8. un peine y tijeras ______

3 Complete el crucigrama.

1. Tienda de comestibles.
2. Valor de un producto.
3. Lugar exterior de una tienda para exponer los productos.
4. Adquirir productos a cambio de dinero.
5. Pieza redonda para comprar productos.
6. Tienda muy grande.
7. Lugar de la tienda donde se paga.
8. Para transportar los productos en el supermercado.
9. Establecimiento público para guardar el dinero.
10. Papel que representa cantidades de dinero.
11. Lugar donde se compran sellos y tabaco.

4 ¿Dónde puede oír estas frases?

1. Quería ver el vestido del escaparate.
2. Una cerveza, por favor.
3. ¿Qué número calza?
4. ¿En qué planta está la sección de los juguetes?
5. ¿Cuánto cuestan las naranjas?
6. Tengo hambre.
7. ¿Cuánto vale el pastel de chocolate?
8. ¿Me das una moneda para el carrito?

1: en una tienda de ropa

5 Forme frases según el modelo.

panadería/enfrente de/farmacia → La panadería está enfrente de la farmacia.

librería/al lado de/carnicería → ______

zapatería/detrás de/droguería → ______

joyería/junto a/estanco → ______

6 ¿Quién habla? C = el cliente, D = el dependiente.

1. D Las cajas están a la derecha.
2. ___ ¿Me da tres sellos, por favor?
3. ___ ¿Cuánto vale?
4. ___ Buenos días, ¿qué desea?
5. ___ La cuenta, por favor.
6. ___ ¿Qué talla usa?
7. ___ ¿Dónde están los libros, por favor?
8. ___ ¿Cuánto es todo?

7 Ordene las actividades, lógicamente. Luego, escriba en qué orden ha comprado cada cosa.

a. ___ Vuelve a la tienda y paga en metálico.

b. ___ Con parte del dinero restante, compra un regalo para el cumpleaños de su madre en una joyería.

c. ___ Va a un cajero automático y saca cien euros.

d. 1 Susana aparca el coche en el aparcamiento del centro comercial. Entra en una perfumería y paga con tarjeta.

e. ___ Al salir del centro comercial ve un quiosco y hace una última compra.

f. ___ Luego va a una tienda de ropa.

g. ___ Pero ha olvidado su monedero en casa y la tienda no admite tarjetas.

h. ___ Finalmente, entra en una zapatería.

i. ___ Vuelve a su casa; al llegar, tiene hambre y entra en una panadería.

a. __ el periódico b. __ un reloj c. 1 un perfume d. __ un cruasán e. __ sandalias f. __ un vestido

EN LA ESCUELA OFICIAL DE IDIOMAS

Sonia: ¿Qué tal te ha ido el examen?
Manuel: Me ha parecido difícil, creo que me he equivocado en la traducción, no he entendido algunas palabras. Y tú, ¿has hecho todos los ejercicios?
Sonia: Pf... No... En el ejercicio de comprensión oral, no he tenido tiempo suficiente para tomar apuntes y no he podido contestar a tres preguntas. Y el ejercicio de gramática, no sé, no sé... Seguro que voy a sacar una mala nota.
Manuel: ¡Tú siempre dices lo mismo! Eres muy empollona, siempre apruebas.
Sonia: No sé, no sé...
Manuel: Venga... Vamos a la cafetería a tomar algo.
Sonia: Ay... Espera, me he dejado la carpeta y la mochila en el aula.

Victoria: ¡Qué nervios! Odio los exámenes.
Fernando: Tranquila.
Victoria: ¡Me he dejado el estuche en casa! ¡Qué nervios! Fernando, ¿me dejas un boli, un lápiz y una goma?
Fernando: Toma. Tranquila.
Victoria: ¿Tienes un sacapuntas?
Fernando: Toma. Tranquila.
Victoria: ¿Qué hora es? Las tres y media, ¡pero qué nervios! Oye, me prestas una regla y un rotulador?
Fernando: Toma. Tranquila.
Victoria: Ahí viene el profe... ¡Qué nervios!

El profesor reparte los exámenes...

Victoria: ¡¡Qué fácil!!
TODOS: ¡¡¡Chiiiiiiiiiis!!!

¿DÓNDE PODEMOS ESTUDIAR?

el colegio
la escuela
el instituto
la academia
la escuela oficial de idiomas
la universidad

EL MATERIAL ESCOLAR

el archivador
la barra de pegamento
el bolígrafo
la calculadora
la carpeta
la cartera
el celo
el clip
el cuaderno
el diccionario
el estuche
el globo terráqueo
la goma
las hojas
el lápiz
el lápiz de color
el libro
el mapa
la mochila
el ordenador
el pincel
la regla
el rotulador
el sacapuntas
la tinta
la tiza

EL INSTITUTO Y EL AULA

la biblioteca
el comedor
el gimnasio
el patio
la pizarra
el pupitre
la silla

LAS ASIGNATURAS

la biología
las ciencias naturales
el deporte
la filosofía
la física
el francés
la geografía
la historia
el inglés
las matemáticas
la química

ADJETIVOS

atento, atenta
empollón, empollona
estudioso, estudiosa

VERBOS

Los alumnos
aprobar/suspender
calcular
comprender, entender
contar
contestar
copiar
equivocarse
escribir
estudiar
examinarse
hacer ejercicios
hacer los deberes
leer
matricularse
olvidar
preguntar
redactar
sacar buenas/malas notas
tomar apuntes
traducir

El maestro, el profesor
calificar
corregir
dar clases
dictar
enseñar
explicar
vigilar

OTRAS PALABRAS

el alfabeto
la chuleta
el compañero
el curso escolar
el dictado
el diploma
el examen
el horario
la lección
el recreo
las vacaciones

1 Escriba los nombres.

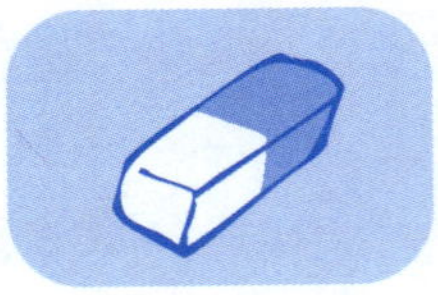

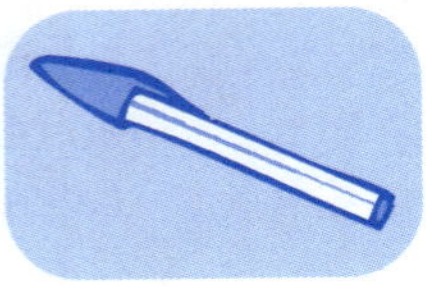
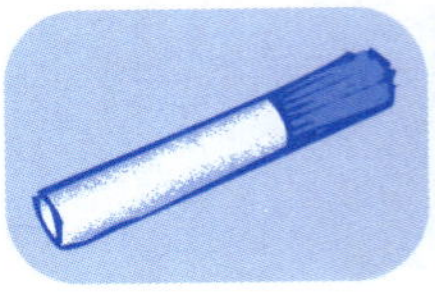
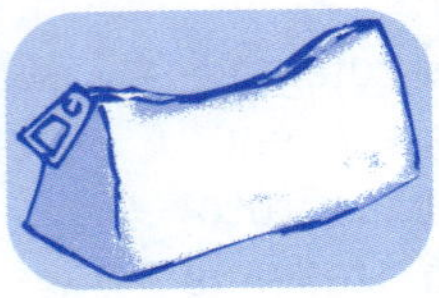

una goma ______ ______ ______ ______

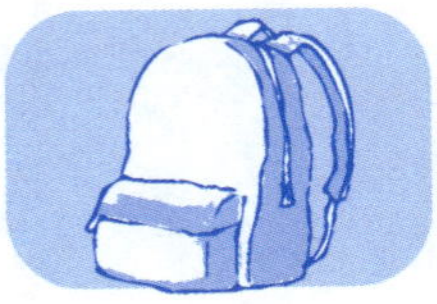

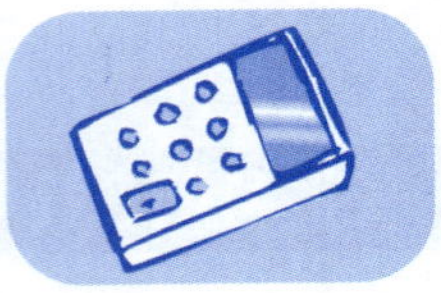

______ ______ ______ ______ ______

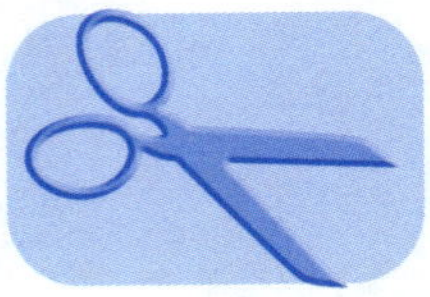
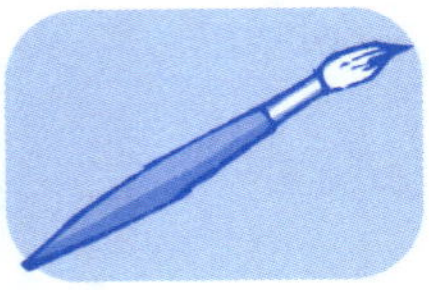
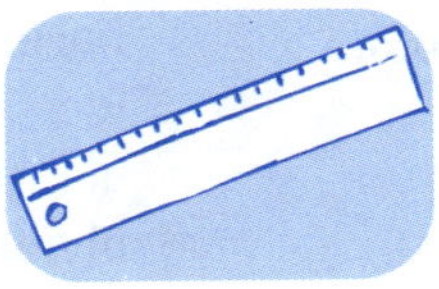

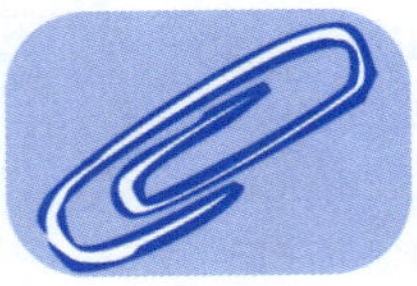

______ ______ ______ ______ ______

2 Indique la palabra intrusa.

1. ❒ instituto ☒ patio ❒ escuela
2. ❒ regla ❒ sacapuntas ❒ biblioteca
3. ❒ pupitre ❒ silla ❒ mochila
4. ❒ química ❒ aula ❒ filosofía
5. ❒ recreo ❒ gimnasio ❒ patio
6. ❒ alumno ❒ compañero ❒ ordenador

3 Escriba los verbos correspondientes.

corregir leer examinarse estudiar dictar explicar

examen → examinarse
estudios → ______
explicación → ______
corrección → ______
dictado → ______
lectura → ______

4 Complete el crucigrama.

El profesor escribe en la 8 con 1.
El 11 explica la 2.
Hacemos deporte en el 3.
En el instituto tengo muchos 4.
En la pared del 5 hay un 10 de España.
Tengo que estudiar, mañana tengo un 6.
Entre dos clases, los alumos tienen 7.
Mi asignatura favorita es el 9.

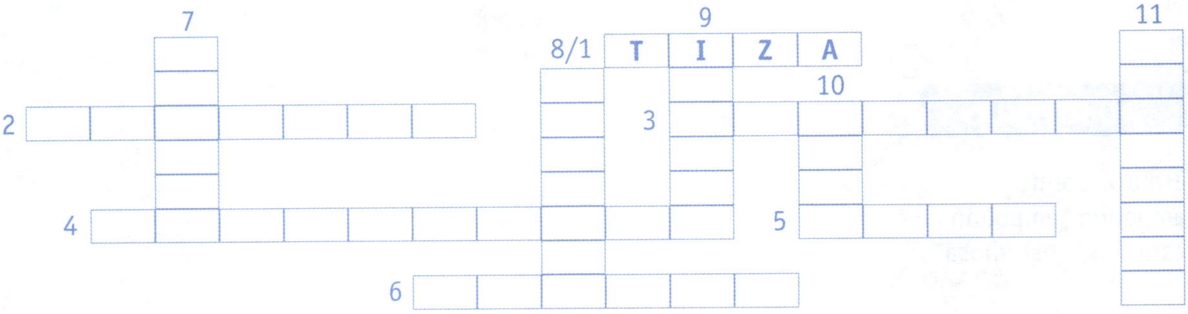

5 **Complete las frases con las palabras de la lista.**

diccionario deberes goma asignatura estudia da idiomas enseña deberes

1. José saca malas notas porque no ___estudia___.
2. Cuando vuelve del instituto, Marina hace los ______________.
3. Elena busca en el ______________ el significado de las palabras.
4. Antonio ______________ clases de inglés en la universidad.
5. La ______________ preferida de Miguel es la historia.
6. El señor Coseno ______________ matemáticas.
7. El profesor de química siempre nos pone muchos ______________.
8. Julia es profesora de alemán en una escuela oficial de ______________.
9. Patricia, ¿me prestas tu ______________ por favor?

6 **¿Quién realiza cada actividad? El profesor (P), el alumno (A), el profesor o el alumno [P/A].**

a. Toma apuntes. • — • A
b. Califica los exámenes. •
c. Explica la lección. •
d. Se examina. •
e. Contesta a las preguntas. •
f. Hace los ejercicios. •
g. Lee un texto. •
h. Escribe en la pizarra. •
i. Hace los deberes. •
j. Dicta un texto. •

• P

• A

• P/A

7 **Responda a las preguntas.**

En el patio. Estudio, voy a la universidad. Sobre el pupitre.
Sí, he aprobado. Tenemos que traducir el texto.

¿Estudia o trabaja?
1. Estudio, voy a la universidad.

¿Dónde pongo los libros?
2. ______________ ______________

¿Qué tenemos que hacer?
3. ______________ ______________

¿Tienes ya los resultados del examen?
4. ______________ ______________

¿Dónde están los alumnos?
5. ______________ ______________

19 El deporte y el tiempo libre

¿CUÁL ES SU DEPORTE FAVORITO?

Encuestador: Buenos días, estoy haciendo una encuesta sobre los españoles y el tiempo libre, ¿puedo hacerte unas preguntas?

Rocío: Bueno…

Encuestador: ¿Qué haces los fines de semana?

Rocío: Pues… los sábados por la mañana voy al gimnasio y por la tarde salgo con mis amigos. Vamos al cine o paseamos.

Encuestador: ¿Y vas al teatro, a museos o a ver exposiciones?

Rocio: A exposiciones de vez en cuando.

Encuestador: ¿Y por la noche?

Rocío: ¿Por la noche? Depende… Vamos de copas, a cenar por ahí, a conciertos o a la discoteca, nos encanta bailar.

Encuestador: ¿Y los domingos?

Rocío: Los domingos me quedo en casa. Veo la tele, leo, escucho música…

Encuestador: Pues muchas gracias.

Encuestador: Buenos días, es para una encuesta sobre el tiempo libre. Es sólo una pregunta: ¿qué hace usted los fines de semana? ¿Practica algún deporte? ¿Fútbol, baloncesto, balonmano, natación, tenis…?

El niño: Papá, quiero ir al zoo.

Juan Ramón: David… Juego al fútbol con mis compañeros de la oficina los sábados por la mañana.

El niño: Papá, quiero ir al parque de atracciones.

Juan Ramón: David…

Encuestador: ¿Y por las tardes?

El niño: Papá, ¿me compras un helado?

Juan Ramón: ¡¡David!!

El niño: Papá, quiero ir a la piscina…

Juan Ramón: David, ¡¡basta ya!! Mire, lo siento… No puedo continuar. David, ¡¡basta ya!!

LOS DEPORTES

De equipo

jugar al...

baloncesto
balonmano
balonvolea
béisbol
fútbol

Náuticos

el buceo
la natación
el surf
la vela
el windsurfing

De montaña

la escalada
el esquí
el montañismo
el snowboard

Otros deportes

el atletismo
el boxeo
el ciclismo
la gimnasia
el golf
el jogging
la hípica
el kárate
el patinaje
el tenis
el yoga
el yudo

VERBOS

batir un récord
correr
entrenarse
esquiar
ganar ≠ perder
montar en bici
nadar
navegar
patinar
saltar

OTRAS PALABRAS

el árbitro
el/la atleta
la camiseta
la cancha
la competición
el equipo
el estadio
el gimnasio
el torneo
los Juegos Olímpicos
el jugador, la jugadora
la medalla
el partido
los patines
la pelota
la piscina
la raqueta

ACTIVIDADES DE TIEMPO LIBRE

jugar

al ajedrez
a las cartas
a los videojuegos

hacer

bricolaje
crucigramas
jardinería
jogging

ir

al cine
al circo
a conciertos
de copas
a la discoteca
a exposiciones
al gimnasio
al museo
a la ópera
al parque de atracciones
a la piscina
a la playa
al restaurante
al teatro
al zoo

bailar
bañarse
chatear
escuchar música
leer
navegar por Internet
pasear
pescar
pintar
sacar fotos
salir
tomar el sol
ver la tele

VERBOS

divertirse ≠ aburrirse
hacer trampas

1 Clasifique los deportes. Escriba los artículos (el, la). (Algunos pueden ir en dos recuadros.)

fútbol esquí natación kárate hípica vela baloncesto gimnasia surf
escalada atletismo yudo balonvolea patinaje buceo balonmano
windsurfing tenis boxeo yoga snowboard

Se juegan con una pelota.

el fútbol, ______________________________

Se practican sobre/en el agua.

____

Se practican en invierno.

____

Son deportes de combate.

____

Son deportes individuales.

____

2 ¿Adónde va para...?

1. tomar copas **a un bar**
2. subirse a la montaña rusa ____________
3. ver una obra de teatro ____________
4. comer una buena paella ____________
5. escuchar a su cantante favorito ____________
6. tomar el sol ____________
7. ver animales ____________
8. ver una película ____________
9. hacer gimnasia ____________
10. ver obras de arte ____________

3 Relacione.

a. ESCUCHAR •
b. JUGAR •
c. IR •
d. HACER •
e. NAVEGAR •
f. SACAR •

• 1. a las cartas
• 2. por internet
• 3. bricolaje
• 4. fotos
• 5. música
• 6. a exposiciones
• 7. al ajedrez
• 8. jardinería
• 9. a la piscina
• 10. de copas
• 11. a los videojuegos
• 12. al circo
• 13. crucigramas

4 **Conteste a las preguntas. Escriba la letra de la respuesta.**

a. ¡Fenomenal! Me encanta tomar el sol!
b. Lo siento, no me gustan los deportes de equipo.
c. Vale, así paseamos y hacemos jogging.
d. Lo siento, no me gustan los juegos de mesa.
e. Genial, así hacemos nuevos amigos.
f. No, no tengo raqueta.
g. Vale, me gusta mucho el arte moderno.

1. ¿Vamos a la playa? — a.
2. ¿Vamos a ver la exposición? — ___
3. ¿Vamos al parque? — ___
4. ¿Quedamos para jugar al tenis? — ___
5. Esta tarde podemos chatear. — ___
6. ¿Quieres jugar al ajedrez? — ___
7. ¿Jugamos al fútbol? — ___

5 **Complete las frases con las palabras de la lista.**

crucigramas partido me divierto hace trampas concierto circo bailar medalla

1. No quiero jugar a las cartas con Bea porque **hace trampas**.
2. Esta noche hay un ____________ de fútbol en la tele.
3. Nuestro equipo ha ganado la ____________ de oro.
4. Esta noche vamos al ____________ de Montserrat Caballé.
5. ¿Me prestas tu diccionario para terminar estos ____________?
6. Me encanta ____________; cuando voy a la discoteca, ____________ mucho.
7. Este fin de semana vamos a llevar a los niños al ____________.

6 **¿Dónde puede oír cada frase?**

en la playa en un estadio en una cancha de tenis en un gimnasio
en un restaurante en una piscina en un cine

1. Uno, dos, tres... Y uno, dos, tres... — **en un gimnasio**
2. ¡¡¡Goooooool!!! — ____________
3. 15-30. — ____________
4. ¡¡Socorro!!! No sé nadar. — ____________
5. Me encanta esta película. — ____________
6. Un gazpacho, por favor. — ____________
7. ¿Vamos a hacer surf? — ____________

20 Los animales

UNA TARDE EN EL ZOO

Elena:	Sí, ¿dígame?
Sonia:	Elena, soy Sonia. Hola, ¿qué tal el zoo?
Elena:	Hola, Sonia. Pues muy bien, acabamos de volver. Al niño le ha encantado. Mira, primero hemos ido a ver los felinos: los leones, las panteras, los tigres, los leopardos. Son preciosos, pero a mí me da mucha pena verlos encerrados.
Sonia:	A mí también.
Elena:	¡David! Deja al gato. Luego hemos visto elefantes, cebras, jirafas, monos y gorilas. Ah… y rinocerontes, también.
Sonia:	¿Y el koala?
Elena:	Sí, sí, al final, es precioso, precioso. Le he comprado un peluche al niño.
Sonia:	¿La granja?
Elena:	Sí, con cerdos, gallinas, cabras, patos, pollos, también un burro y una vaca. Está muy bien porque propone actividades didácticas para los niños. David les ha dado de comer y ha acariciado al burro. ¡David! Deja al gato.
Sonia:	¿Y no has visto las arañas y las serpientes?
Elena:	¡Ay no! ¡Qué dices! Esos animales me dan mucho asco. Oye, te dejo, que está ladrando el perro, quiere entrar.
Sonia:	Te llamo luego. Adiós.
Elena:	Vale, chao. Venga, entra.

ANIMALES DOMÉSTICOS

el caballo
el canario
el conejillo de Indias
el conejo
el gato
  maullar
  ronronear
el hámster
el periquito
el perro
  ladrar

ANIMALES DE GRANJA

el buey
el burro
la cabra
el cerdo
la gallina
el gallo
la oveja
el pato
el pollo
el toro
la vaca

INSECTOS

la abeja
la hormiga
la mariposa
la mosca
el mosquito

ACUÁTICOS

la ballena
el delfín
la foca
el pingüino
el tiburón

AVES

el águila
la gaviota
la paloma

ANIMALES SALVAJES

el camello
el canguro
la cebra
el cocodrilo
el dromedario
el elefante
el gorila
el hipopótamo
la jirafa
el koala
el lobo
el mono
el oso
el oso panda
el rinoceronte

Felinos
el león
el leopardo
la pantera
el tigre

OTROS ANIMALES

el caracol
el gusano
la rana
la araña
el ratón
la serpiente
la tortuga

ADJETIVOS

feroz
malo, mala
salvaje

VERBOS

acariciar
correr
morder
nadar
volar

OTRAS PALABRAS

el herbívoro
el mamífero

el ala
la oreja
la pata
el pico
la pluma
el rabo

1 **Escriba nombres de animales que tengan el siguiente número de letras.**

4 letras	5 letras	6 letras	7 letras
R A N A	_ _ _ _ _	_ _ _ _ _ _	_ _ _ _ _ _ _
_ _ _ _	_ _ _ _ _	_ _ _ _ _ _	_ _ _ _ _ _ _
_ _ _ _	_ _ _ _ _	_ _ _ _ _ _	_ _ _ _ _ _ _
_ _ _ _	_ _ _ _ _	_ _ _ _ _ _	_ _ _ _ _ _ _
_ _ _ _	_ _ _ _ _	_ _ _ _ _ _	_ _ _ _ _ _ _
_ _ _ _	_ _ _ _ _	_ _ _ _ _ _	_ _ _ _ _ _ _
_ _ _ _	_ _ _ _ _	_ _ _ _ _ _	_ _ _ _ _ _ _
_ _ _ _	_ _ _ _ _	_ _ _ _ _ _	_ _ _ _ _ _ _

2 **Lea y cuente...**

En una jaula muy grande hay dos elefantes, cuatro caballos, cinco canarios, dos periquitos, una cabra, tres águilas, siete camellos, ocho hipopótamos y cinco serpientes. Cuente:

LOS PICOS → ☐ **LAS ALAS** → ☐ **LAS PATAS** → ☐

3 **Clasifique los animales.**

el mono el mosquito la ballena el gusano la abeja el caracol el hámster
la mariposa el dromedario el koala la hormiga el hipopótamo el canario
el lobo el perro el burro la mosca el pollo la cabra la rana el pato
la oveja el conejo el rinoceronte el ratón el elefante el gato la gallina

Pesan menos de 50 g **la abeja,** ____________________

Pesan entre 50 g 10 kg ____________________

Pesan entre 10 y 100 kg ____________________

Pesan más de 100 kg ____________________

4 **Relacione cada animal con su lugar de procedencia (algunos pueden proceder de varios lugares).**

a. el canguro • (→ 3)
b. el oso panda •
c. el hipopótamo •
d. el camello •
e. la pantera •
f. el elefante •
g. la cebra •
h. el koala •
i. el tigre •

• 1. ÁFRICA
• 2. ASIA
• 3. AUSTRALIA
• 4. CHINA

5 ¿Qué animales son?

2. Tiene rayas:

____

3. Produce miel:

____

1. Su cuello es muy largo:

la jirafa

4. Es el animal más grande del mundo:

____

5. Es el rey de los animales:

____

6. Puede hablar:

____

7. Es un mamífero marino muy inteligente:

____

8. Es muy lenta y transporta su casa:

____

9. Maúlla y ronronea:

____

10. Es un animal marino muy peligroso:

____

11. Es pequeño y amarillo. Canta muy bien. Vive en una jaula:

____

12. Uno de ellos se llama Donald:

____

13. Sus alas son grandes y de colores:

____

14. Es blanco y negro y vive en zonas muy frías:

____

15. Puede transportar mensajes:

____

16. Con sus patas se hacen jamones:

____

17. Todas la mañanas bebemos su leche:

____

Solucionario

1.1 1/España 2/Dinamarca 3/Bélgica 4/Portugal 5/Reino Unido 6/Alemania 7/Noruega 8/Suecia 9/Grecia 10/Italia 11/Austria 12/Irlanda 13/Polonia 14/Francia

1.2 japonesa, español, egipcia, canadiense, tunecina, brasileño, cubana, belga, francesa, suizo, letona, argelino, noruega, marroquí, china, hindú, australiana, danés.

1.3 1/español 2/inglés 3/alemán 4/español 5/inglés 6/inglés 7/chino 8/portugués 9/portugués 10/francés 11/ruso 12/árabe 13/español 14/japonés 15/italiano

1.4 1/V 2/V 3/F 4/F 5/V 6/V 7/F 8/F 9/F 10/V 11/V 12/V 13/V 14/V 15/V 16/V 17/F 18/V 19/V 20/F 21/V 22/F 23/F 24/V 25/F 26/V 27/V 28/F 29/V 30/V 31/V 32/V 33/V 34/V

2.1 padre/madre, yerno/nuera, cuñado/cuñada, hermano/hermana, abuelo/abuela, sobrino/sobrina, hijo/hija, tío/tía, marido/mujer, suegro/suegra, nieto/nieta.

2.2 divorcio, cumpleaños, parto, nacimiento, boda, muerte.

2.3 1: Un recién nacido tiene unos días. 2: Un bebé tiene unos meses. 3: Un niño tiene seis años. 4: Un adolescente tiene trece años. 5: Un adulto tiene treinta años. 6: Una persona mayor tiene setenta años.

2.4 a. 5, b. 6, c. 1, d. 4, e. 2, f. 3.

2.5 a. 5, b. 9, c. 1, d. 4, e. 7, f. 3, g. 2, h. 6, i. 8

2.6 1/Sí, se van a separar. 2/Sí, es muy mayor. 3/Sí, su mujer murió el año pasado. 4/¡No me diga! ¿Ya no la quiere? 5/La semana que viene. 6/Sí, ya no se quieren. 7/¿Cuándo dio a luz? 8/¿Cuántos años cumples?

3.1 abogado/abogada, telefonista/telefonista, informático/informática, dependiente/dependienta, periodista/periodista, carnicero/carnicera, bailarín/bailarina, actor/actriz, policía/policía, taxista/taxista, cirujano/cirujana.

3.2 El camarero, la camarera: 1. un bar, una cafetería, un restaurante; 2. servir; 3. botellas, platos, tapas./El enfermero, la enfermera: 1. una consulta, un hospital; 2. cuidar; 3. el enfermo, aspirina./El peluquero, la peluquera: 1. una peluquería; 2. cortar; 3. un peine, tijeras, champú./El profesor, la profesora: 1. un instituto, una escuela de idiomas, una universidad; 2. enseñar; 3. estudiantes, la pizarra, el patio, cuadernos./El secretario, la secretaria: 1. una empresa, un despacho; 2. escribir informes; 3. el teléfono, reuniones, cartas, el ordenador.

3.3 a. 6, b. 1, c. 8, d. 9, e. 7, f. 2, g. 5, h. 3, i. 4.

3.4 la dependienta, la farmacéutica, el veterinario, el cartero, el bombero.

3.5 a. 5, b. 8, c. 1, d. 4, e. 3, f. 7, g. 2, h. 6.

3.6 1/Soy informático. 2/En un hospital. 3/Sí, y mañana tengo una entrevista. 4/De nueve a dos y de tres a seis. 5/No, terminé la carrera en junio. 6/Se jubiló el año pasado.

3.7 contrato, huelga, sueldo, contratar, empresa, gana, oferta, trabajo, paro.

4.1 bajo/alto, mayor/joven, gorda/flaca, flaco/gordo, fea/guapa, rubia/morena, alta/baja, rizado/liso, corto/largo, guapa/fea.

4.2 El pelo: el flequillo, las canas./La cara: el bigote, los ojos, las pecas, la barba.

4.3 1/atractivo 2/rubio 3/peca 4/peso 5/flaca 6/rubios 7/guapo 8/estatura

4.4 alta, delgada, morena, pelo ondulado, flequillo, gafas, guapa.

4.5 El pelo: ondulado, castaño. Los ojos: verdes. La corpulencia: delgado.

4.6 Elvira es morena. Tiene el pelo muy corto y rizado. Sus ojos son muy grandes y verdes. Lleva gafas rojas.

4.7 alto y delgado, moreno, Moreno, pelo, liso, bigote, joven, años guapo.

4.8 En realidad, Raúl es mayor. Es flaco y calvo. Tiene los ojos negros y pequeños. Lleva gafas. Sus orejas son bastante grandes. Es feo.

5.1 Horizontal: sincera, antipático, mala, tonta, modesta./ Vertical: generosa, perezosa, optimista, graciosa.

5.2 1/el cariño 2/el aburrimiento 3/ la hipocresía 4/el orgullo 5/la tristeza 6/la educación 7/la felicidad 8/el amor 9/la sorpresa 10/la envidia 11/la fidelidad 12/la inteligencia 13/la sinceridad 14/la alegría.

5.3 1/serio/seria 2/tímido/tímida 3/hipócrita/hipócrita 4/obediente/ obediente 5/feliz/feliz 6/sociable/sociable 7/contento/contenta 8/vago/ vaga 9/honrado/honrada 10/encantador/encantadora.

5.4 Es fiel, seria, sociable, inteligente, cerrado, parlanchina, tacaño./ Está sorprendido, enamorado enfadado, preocupado.

5.5 a. 5, b. 1, c. 8, d.7, e. 2, f. 3, g. 4, h. 6.

5.6 Nacho.

5.7 1/el aburrimiento 2/la alegría 3/el cariño 4/la pena 5/la hipocresía 6/el miedo.

6.1 el diente, la boca, la ceja, la nariz, el pelo, la oreja, la mejilla, el cuello, la frente, el ojo, el mentón.

6.2 a. 2, b. 4, c. 3, d. 1, e. 3, f. 5, g. 3, h. 3, i. 3, j. 2, k. 2, l. 3, m. 1, n. 3, o. 5, p. 1.

6.3 1/las piernas 2/la boca 3/los ojos 4/el trasero 5/la mano 6/los dientes 7/los dedos 8/la nariz.

6.4 1/se acuesta 2/se maquilla 3/se cae 4/se ríe 5/come 6/se peina 7/llora.

6.6 1/el estómago 2/la mejilla 3/la cabeza 4/los pies 5/las piernas 6/la garganta 7/los ojos.

6.7 a. la vista b. el gusto c. el olfato d.el tacto e. la vista f. el oído g. el gusto h. el oído i. el olfato j. el oído k. el tacto l el gusto.

7. la tos, el cáncer, el insomnio, el catarro, la gripe, el constipado, el cansancio.

7.2 a. 2, b. 1, c. 4, d. 5, e. 3.

7.3 El médico: operar, dar un masaje, recetar. El paciente: curarse, vomitar, toser, estornudar, sangrar, marearse.

7.4 1/el grano 2/el antibiótico 3/el accidente 4/la consulta 5/la ambulancia 6/la enfermera.

7.5 doler, recetar, resfriarse, sangrar, herirse, morir, dar un masaje, hospitalizar.

7.6 débil, adelgazar, la ambulancia, mortal, sano, la farmacia.

7.7 1/Los pacientes están en la sala des espera. 2/Julio ha tenido un accidente de tráfico. 3/Tomo jarabe porque tengo mucha tos. 4/El médico me ha recetado una pomada. 5/La enfermera me ha dado un antibiótico. 6/El cáncer es una enfermedad mortal.

7.8 1/Tienes que llamar al médico. 2/Tienes que ir a la farmacia. 3/Tienes que ir al dentista. 4/Tienes que quedarte en la cama. 5/Tienes que descansar.

7.9 1/No puedo dormir. 2/Estoy constipado. 3/Me duele la garganta. 4/Tengo fiebre. 5/Me pongo una tirita.

8.1 1/levantarse, 3; 2/ducharse, 1; 3/peinarse, 4; 4/vestirse, 2; 5/comer, 3; 6/cenar, 5.

8.2 1/M 2/M 3/N 4/M 5/M 6/MN 7/M 8/M 9/N 10/N 11/T 12/MN 13/N 14/M 15/MN 16/M

8.3.a. 1/hacer 2/poner 3/ir 4/ir 5/limpiar 6/hacer 7/pasar 8/tender 9/preparar 10/fregar 11/regar 12/quitar.

8.3.b. el detergente: 6; la manta: 1; la lavadora: 6; el alfiler: 8; el paño: 12; la sartén: 9; la receta: 9; la esponja: 10.

8.4 a. 6, b. 4, c. 8, d. 1, e. 5, f. 7, g. 2, h. 9, i. 10, j. 3.

8.6 1/porque no ha sonado el desperator. 2/a casa a las seis. 3/como con los compañeros de oficina. 4/me acuesto sobre las once. 5/ver la tele. 6/voy al supermercado. 7/me levanto a las siete. 8/en metro.

8.7 1/Pedro está en su habitación. Está haciendo la cama. 2/Armando está en la cocina. Está fregando los platos. 3/Andrea está en el comedor. Está poniendo la mesa.4/Marcos está en el salón. Está pasando la aspiradora. 5/Luisa está en el jardín. Está regando las plantas.6/Luis está en el balcón. Está tendiendo la ropa.

9.1 naranja, alcachofa, manzana, pepino, kiwi, melocotón/higo, pera, melón/ cebolla, calabacín, pimiento, albaricoque, ciruela/uva, ajo, puerro, plátano.

9.2 a. amarillo b. rojo c. naranja d. amarillo e. naranja f. blanco g. rojo h. verde i. blanco j. rojo k. blanco l. amarillo m. rojo n. blanco o. blanco

9.3 Sopa de pescado: 3, 6, 9, 12, 14, 17, 18, 20, 22, 23.
Pastel: 2, 5, 7, 8, 10, 13, 15, 19. Sobran: 4, 11, 16, 21, 24.

9.4 a. 4, b. 6, c. 5, d. 1, e. 7, f. 2, g. 3.

9.5 lechuga, aceitunas, tomates, pimientos, espárragos, cebolla, aguacate, aguacate, Pollo, chorizo, Chorizo, atún, salchichas, Salchichas.

9.6 1/la leche, el queso 2/el pomelo, la naranja 3/el pescado 4/la mermelada 5/el arroz.

10.1 1/cuchillo 2/taza 3/plato 4/sal 5/mantel 6/copa 7/servilleta 8/pimienta 9/vinagre 10/cuchara 11/pan 12/tenedor 13/botella 14/aceite 15/vaso 16/jarra.

10.2 reservar, beber, merendar, comer, desayunar, cenar.

10.3 el cortado: taza, el agua: vaso, la sopa: plato hondo, el pollo asado: plato llano, el pan: panera, la cava: copa, la tarta: plato de postre.

10.4 a. 5, b. 6, c. 1, d. 7, e. 2, f. 5, g. 3.

10.5 1/fuente 2/receta 3/leche 4/hambre 5/cuenta 6/abridor 7/bandeja 8/pimienta.

10.6 a. 7, b. 2, c. 5, d. 4, e. 1, f. 6, g. 13, h. 9, i. 11, j. 10, k. 12, l. 8, m. 3/a. 1, b. 13, c. 8, d. 9, e. 5, f. 11, g. 6, h. 5.

10.7 De primero quiero sopa. De segundo quiero pollo asado. De postre quiero fresas con nata./El café está frío. La carne está poco hecha./Camarero, me trae más vino, por favor. Camarero, me trae otro vaso, por favor.

11.1.a. blusa, falda, medias, zapatos, calzoncillos, pantalones, botas, bragas, calcetines, jersey, vaqueros, camiseta, sujetador, sandalias, sudadera, top, abrigo, pantys, chaleco, zapatillas.

11.1.b. Calzado: los zapatos, las botas, las sandalias, las zapatillas./ Ropa interior: las medias, los calzoncillos, las bragas, los calcetines, el sujetador, los pantys./Para las piernas: los pantalones, los vaqueros, la falda./Para el tronco: la blusa, el jersey, la camiseta, la sudadera, el top, el chaleco.

11.3 a. 3, b. 6, c. 1, d. 2, e. 5, f. 4, g. 7.

11.4 Los zapatos: los cordones, el tacón, de piel, el número, probarse, quitarse, ponerse./La camisa: el cuello, las mangas, la talla, abrocharse, los bolsillos, los botones, probarse, quitarse, ponerse, de algodón, de cuadros./ El pantalón: la talla, de pana, los bolsillos, los botones, probarse, quitarse, la cremallera, ponerse, de algodón, de cuadros./El jersey: el cuello, las mangas, la talla, de lana, probarse, quitarse, ponerse, de cuadros.

11.5 1/número 2/sección 3/precio 4/abrigo 5/corbata 6/rebajas.

11.6 1/¿Puedo probarme la falda rosa del escaparate? 2/Quería un jersey de lana. 3/No me gustan las sudaderas de cuadros.

11.7 1/Esta falda es demasiado ceñida. 2/Este vestido me parece muy largo. 3/Estos vaqueros están pasados de moda. 4/A Julia le gusta vestir de manera formal. 5/Estos zapatos me quedan muy pequeños.

11.8 a. D, b. C, c. D, d. D, e. D, f. D, g. C, h. C/a. 5, b. 2, c. 8, d. 1, e. 6, f. 3, g. 4, h. 7.

12.1.a. comedor, jardín, salón, terraza, cuarto de baño, pasillo, garaje, retrete, balcón, dormitorio.

12.1.b. el balcón, el comedor, el cuarto de baño, el dormitorio, el garaje, el jardín, el pasillo, el retrete, el salón, la terraza./la cocina, el desván, el sótano, el patio.

12.2 1/D 2/F 3/F 4/F 5/F 6/F 7/D 8/D 9/D 10/F 11/F 12/F.

12.3 a. 4, b. 7, c. 1, d. 6, e. 5, f. 2, g. 3.

12.4 un piso bien communicado/cerrar con llave/el aire acondicionado/ subir por la escalera/llamar a la puerta/la plaza de garaje/el portero automático/la calefacción central/encender la luz.

12.5 a. 2, b. 1, c. 4, d. 3, e. 5

12.6 piso, ascensor, cocina, comedor, terraza, amueblado, comunicado, soleado, da, central, acondicionado, garaje, alquiler.

12.7 1/buzón 2/ventana 3/puerta 4/pared 5/llaves 6/jardín 7/vecina 8/escaleras.

13.1.a. el aparador, el armario, el sofá, la silla, el tocador, el ropero, la mesa, la cómoda, la estantería, la cama, la mesilla, el sillón.

13.1.b. La habitación: el armario, el tocador, el ropero, la silla, la cómoda, la estantería, la cama la mesilla./El salón, el comedor: el aparador, el armario, el sofá, el sillón, la silla, la mesa, la estantería.

13.2 a. 2, b. 5, c. 5, d. 4, e. 5, f. 1, g. 6, h. 3, i. 4, j. 5.

13.3 la loalla, el peine, el champú, el espejo, el jabón, el grifo, el perfume, el cepillo.

13.4 1/Sobre la mesa hay un florero. 2/En el salón hay un sofá y dos sillones. 3/El aparador está al lado de la mesa. 4/Las cortinas del salón son azules.

13.6 1/batidora 2/cafetera 3/congelador 4/nevera 5/horno 6/microondas.

13.7 1/un peine 2/champú 3/una toalla 4/pasta dental, un cepillo de dientes 5/desodorante, perfume 6/una manopla.

14.1 la temperatura, el calor, el granizo, el chubasco, la tormenta, el viento, la niebla, el bochorno, el sol, el frío, el hielo, el trueno, el cielo.

14.3 1/sombra 2/rocío 3/cielo 4/sol 5/aire 6/paraguas.

14.4 El mal tiempo: el granizo, el paraguas, la lluvia, la tormenta, 3 grados, el chubasco/nublado, lluvioso/llover, nevar, granizar, hacer frío.

El buen tiempo: el sol, el calor, el rayo de sol, 25 grados/soleado, caluroso/brillar, hacer sol, hacer calor.

14.5 Está lloviendo./Está nevando./Está granizando./Hace frío./Hace mucho calor./Hay tormenta./Hace mucho viento./ Hay mucha niebla.

14.6 a. 2, b. 2, c. 2, d. 1, e. 1, f. 1, g. 2, h. 2, i. 1.

14.7 1/No, hace calor. 2/No, está nublado. 3/No, hace malo. 4/No, estamos a cinco grados bajo cero.

14.8 1/parte 2/hielo 3/llover 4/nevado 5/temperaturas 6/sol 7/sombra.

15.1 1/abril 2/febrero 3/mayo 4/octubre 5/sábado 6/junio 7/primavera 8/agosto 9/otoño 10/julio 11/diciembre 12/noviembre 13/enero 14/septiembre 15/invierno 16/marzo 17/jueves 18/martes 19/viernes 20/verano 21/lunes 22/domingo 23/miércoles

15.2 a. 8, b. 1, c. 5, d. 6, e. 2, f. 9, g. 11, h. 3, i. 10, j. 7, k. 4.

15.3 9 de julio/24 de abril/20 de diciembre./6 de septiembre

15.4 una hora/un año/la fecha/un siglo/un segundo/amanecer.

15.5 El cumpleaños de Clara es el doce de mayo./El cumpleaños de Gloria es el diecisiete de septiembre./El cumpleaños de Cristóbal es el treinta de noviembre./El cumpleaños de José es el trece de febrero.

15.7 1/estamos 2/pasado 3/que viene 4/agenda 5/reloj 6/calendario 7/invierno 8/tardes.

15.8 el mediodía/la noche/la noche/la tarde/la mañana.

16.1 Posible respuesta: un paso de cebra, la acera, la esquina, la glorieta, la señal de tráfico, el peatón, la catedral, la iglesia, el rascacielos, la boca de metro, la papelera, la cabina telefónica, el semáforo, el parque de bomberos, la oficina de correos.

16.3 la calle/el instituto/el tren de cercanías/el teatro.

16.4 a. 4, b. 1, c. 2, d. 5, e. 3, f. 7, g. 6.

16.5 1/el paso de cebra 2/el jardín público 3/la oficina de correos 4/la calle peatonal 5/la parada de autobús 6/la oficina de corrreos 7/la estación de metro 8/el tren de cercanías 9/el parque de bomberos 10/la cabina telefónica 11/la carretera de circunvalación 12/saltarse un semáforo 13/el casco antiguo 14/la señal de tráfico 15/las zonas verdes.

Tráfico: 1, 4, 5, 7, 8, 11, 12, 14.

Otras palabras: 2, 3, 6, 9, 10, 13, 15.

16.6 ciudad, habitantes, zonas, casco, monumentos, iglesia, ayuntamiento, mercado, correos, fuente, hospital, cementerio, comisaría, bomberos.

16.7 1/en la oficina de turismo 2/en la biblioteca 3/en la piscina 4/en el cine 5/en la iglesia 6/en el instituto 7/en un hotel 8/en el hospital 9/en la estación 10/en una parada de autobús.

16.8 1/Porque hay mucho tráfico. 2/Tiene seis paradas de autobús. 3/Porque me he saltado un semáforo. 4/Porque he perdido el autobús. 5/Los coches no avanzan.

17.1 a. el carnicero, la carnicera/b. la zapatería, la zapatera/c. la frutería, el frutero/d. el panadero, la panadera/e. la librería, la librera/f. la pastelería, el pastelero/g. el farmacéutico, la farmacéutica/h. la floristería, la florista/ i. la peluquería, el peluquero/j. el camarero, la camarera/k. la pescadería, la pescadera/l. la joyería, el joyero.

17.2 1/la zapatería 2/la pescadería 3/la pastelería 4/la floristería 5/la farmacia 6/la librería 7/la carnicería 8/la peluquería.

17.3 1/ultramarinos 2/precio 3/escaparate 4/comprar 5/moneda 6/supermercado 7/caja 8/carrito 9/banco 10/billete 11/estanco.

17.4 1/en una tienda de ropa 2/un bar 3/una zapatería 4/un gran almacén 5/una frutería 6/un restaurante 7/una pastelería 8/un supermercado.

17.5 La panadería está enfrente de la farmacia./La librería está al lado de la carnicería./La zapatería está detrás de la droguería./La joyería está junto al estanco.

17.6 1/D 2/D 3/C 4/D 5/C 6/D 7/C 8/C

17.7 a. 5, b. 6, c. 4, d. 1, e. 8, f. 2, g. 3, h. 7, i. 9./a. 5, b. 3, c. 1, d. 6, e. 4, f. 2.

18.1 una goma/un sacapuntas/un boli/un rotulador/un estuche/una mochila/ un archivador/celo/una barra de pegamento/una calculadora/tijeras/un pincel/ una regla/un cuaderno/un clip.

18.2 1/patio 2/biblioteca 3/mochila 4/aula, 5/gimnasio 6/ordenador.

18.3 examinarse, estudiar, explicar, corregir, dictar, leer.

18.4 1/tiza 2/lección 3/gimnasio 4/compañeros 5/aula 6/examen 7/recreo 8/pizarra 9/inglés 10/mapa 11/profesor.

18.5 1/estudia 2/deberes 3/diccionario 4/da 5/asignatura 6/enseña 7/deberes 8/idiomas 9/goma.

18.6 a. A, b. P, c. P, d. A, e. P/A, f. A, g. P/A, h. P/A, i. A, j. P.

18.7 1/Estudio, voy a la universidad 2/Sobre el pupitre. 3/Tenemos que traducir el texto. 4/Sí, he aprobado. 5/En el patio.

19.1 el fútbol, el baloncesto, el balonvolea, el tenis, el balonmano/la natación, la vela, el surf, el buceo, el windsurfing/el esquí, el patinaje, el snowboard/el kárate, el yudo, el boxeo/la hípica, la gimnasia, la escalada, el atletismo, el yoga.

19.2 1/a un bar 2/al parque de atracciones 3/al teatro 4/a un restaurante 5/a un concierto 6/a la playa 7/al zoo 8/al cine 9/al gimnasio 10/al museo.

19.3 a. 5, b. 1/7/11, c. 6/9/10/12, d. 3/8/13, e. 2, f. 4

19.4 1. a, 2. g, 3. c, 4. f, 5. e, 6. d, 7. b.

19.5 1/hace trampas 2/partido 3/medalla 4/concierto 5/crucigrama 6/bailar, me divierto 7/circo.

19.6 1/en un ggimnasio 2/en un estadio 3/en una cancha de tenis 4/en una piscina 5/en un cine 6/en un restaurante 7/en la playa.

20.1 4 letras: rana, gato, buey, pato, toro, vaca, lobo, mono, león.../ 5 letras: perro, burro, cabra, cerdo, gallo, oveja, pollo, abeja, araña.../ 6 letras: conejo, águila, paloma, girafa, delfín.../7 letras: caballo, canario, gallina, ballena, tiburón, camello, canguro, pantera...

20.2 Los picos: 10. Las alas: 20. Las patas: 108.

20.3 Menos de 50 g: la abeja, el mosquito, el gusano, el caracol, la mariposa, la hormiga, la mosca./Entre 50 g y 10 kg: el hámster, el pollo, el gato, la gallina, el conejo, la rana, el pato, el canario, el ratón./Entre 10 kg y 100 kg: el mono, el perro, el lobo, la oveja, la cabra, el burro, el koala./Más de 100 kg: la ballena, el dromedario, el hipopótamo, el rinoceronte, el elefante.

20.4 a. 3, b. 4, c. 1, d. 1, e. 1/2, f. 1/2, g. 1, h. 3, i. 1/2.

20.5 1/la jirafa 2/la cebra 3/la abeja 4/la ballena 5/el león 6/el periquito 7/el delfín 8/la tortuga 9/el gato 10/el tiburón 11/el canario 12/el pato 13/el águila 14/el pingüino 15/la paloma 16/el cerdo 17/la vaca.

Documentos gráficos auténticos

LOS CONTINENTES, LOS PAÍSES, LAS NACIONALIDADES Y LAS LENGUAS

LA ESTACIÓN DEL TREN
Los viajeros
Los andenes
Los trenes

EL GLOBO AEROSTÁTICO
Los cables de sujección
La cesta

EL PUERTO
Ibiza Jet
El barco
Las amarras

La familia

Las profesiones y los oficios

EL MENSAJERO

La moto(cicleta)

El casco

EL OBRERO

El martillo neumático

El editor

LA FERIA DEL LIBRO

La editora

El libro

LA BOLSA

El parqué

El financiero

LA REDACCIÓN DEL PERIÓDICO

La periodista

Descripción física de personas

EL CUERPO HUMANO

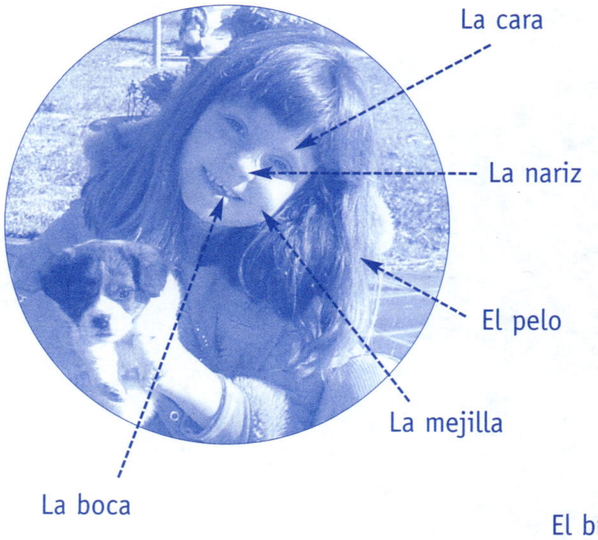

La salud y la enfermedad

El rótulo anunciador

Los alimentos

El café

La bandeja

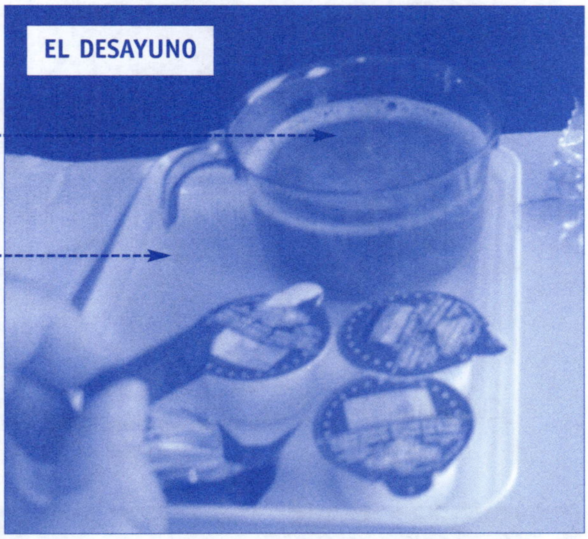

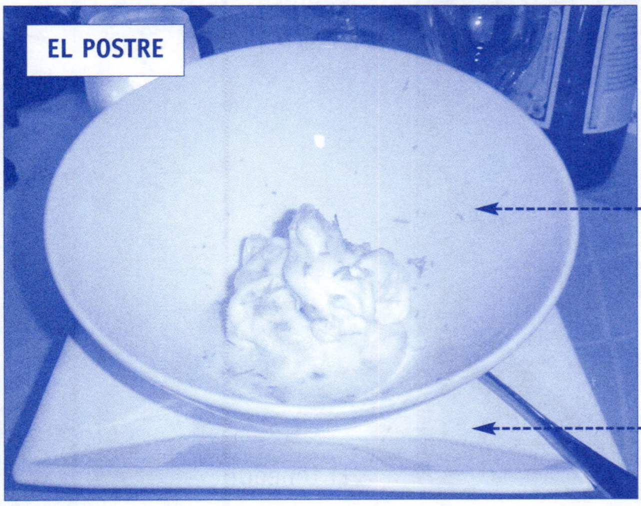

El bol

El plato

EL TÉ
El palillo
La servilleta
La tetera
La taza
El platillo
El azúcar

La tostada
El platillo

El pincho de tortilla
El plato
El tenedor

LA COMIDA
La botella
La copa
El vaso

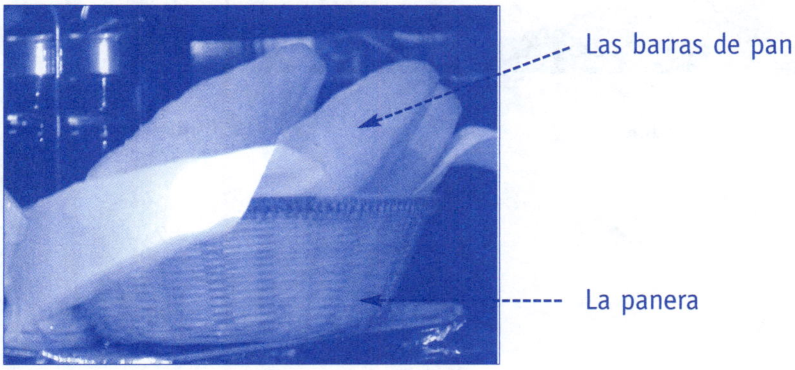
Las barras de pan
La panera

LA PANADERÍA, LA PASTELERÍA, EL HORNO DE PAN
Pastas de Te
Tartas
Catering
Pestiños
Pasteles
Napolitanas
Croissant
Bartolillos
Postres
Bocadillos

EL RESTAURANTE

La taza

El azúcar

La cucharilla

La tortilla

El pan

La copa

La botella de cerveza

LA CAFETERÍA

El escaparate

EL BUFÉ

El menú

La lista de precios

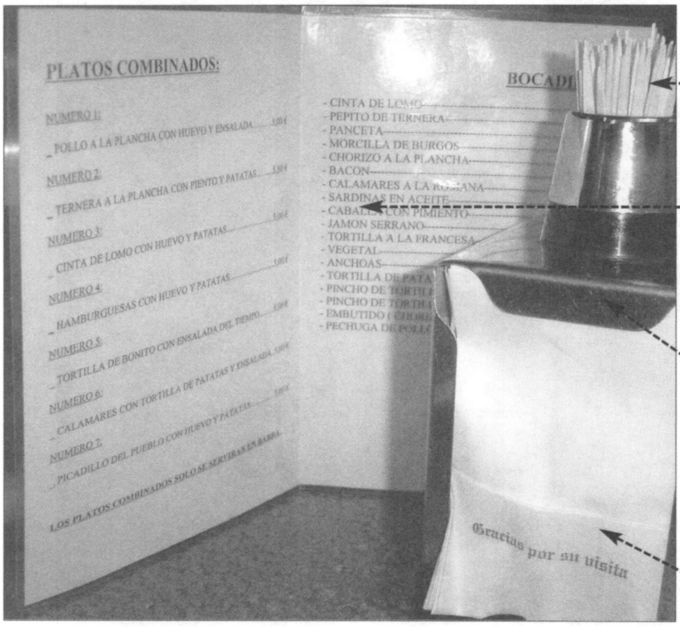

Los palillos de dientes

La carta

El servilletero

Las servilletas

La ropa

LA TIENDA DE CALZADOS Y BOLSOS

La casa: habitaciones e instalaciones

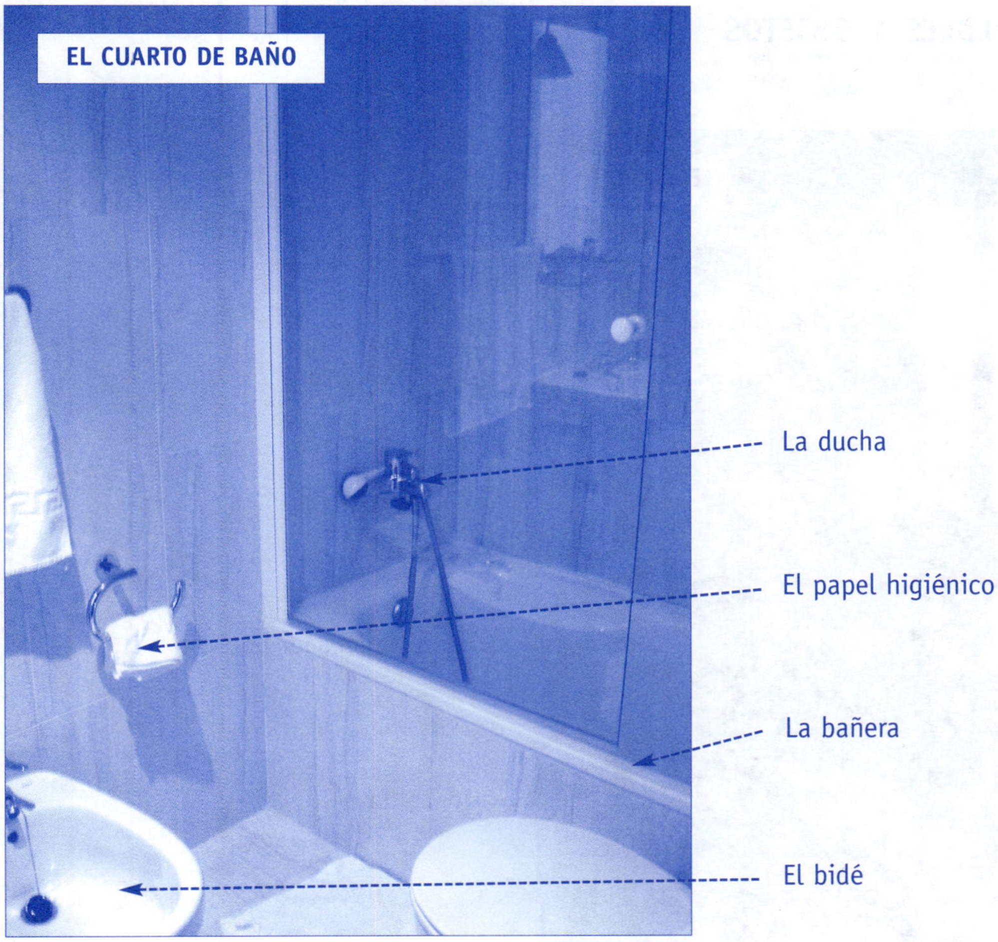
EL CUARTO DE BAÑO
La ducha
El papel higiénico
La bañera
El bidé

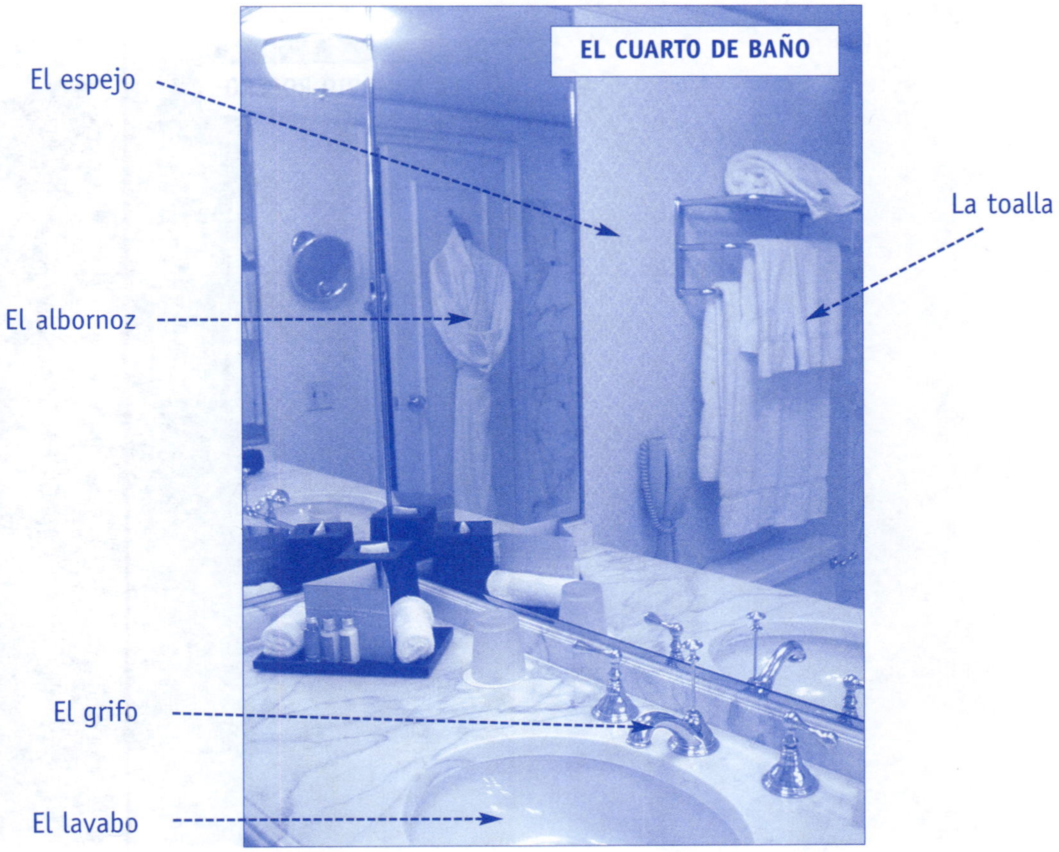
EL CUARTO DE BAÑO
El espejo
La toalla
El albornoz
El grifo
El lavabo

La casa: muebles y objetos

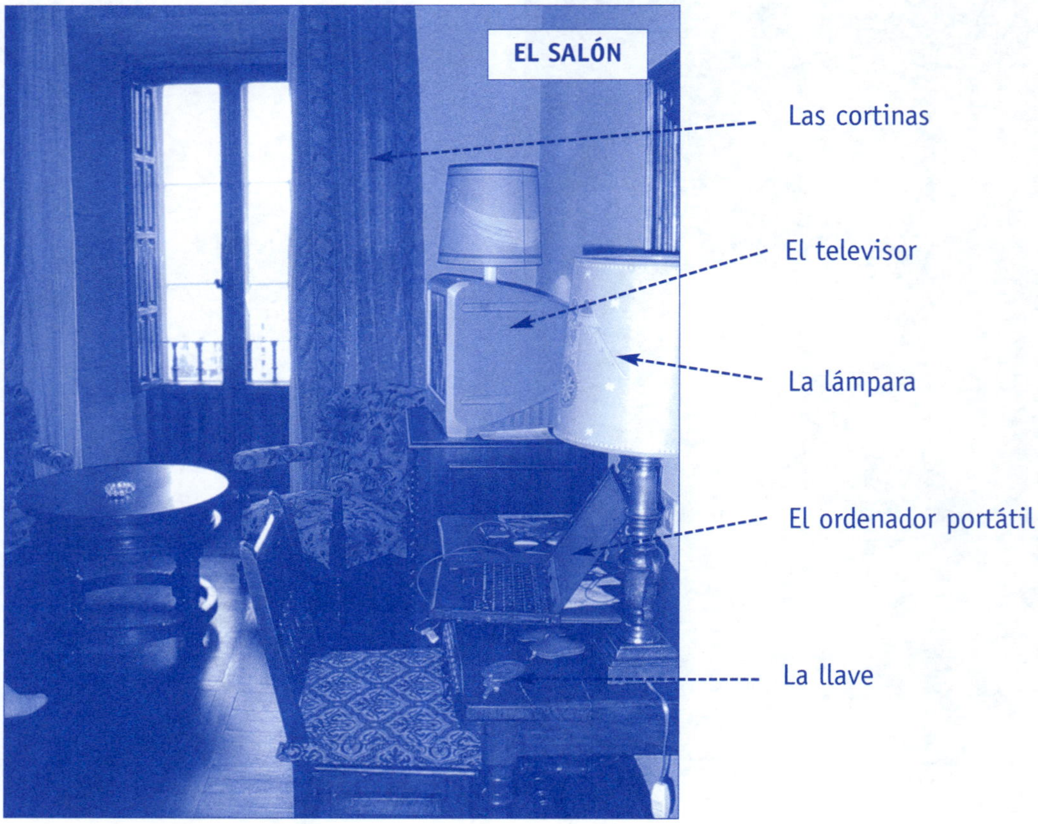

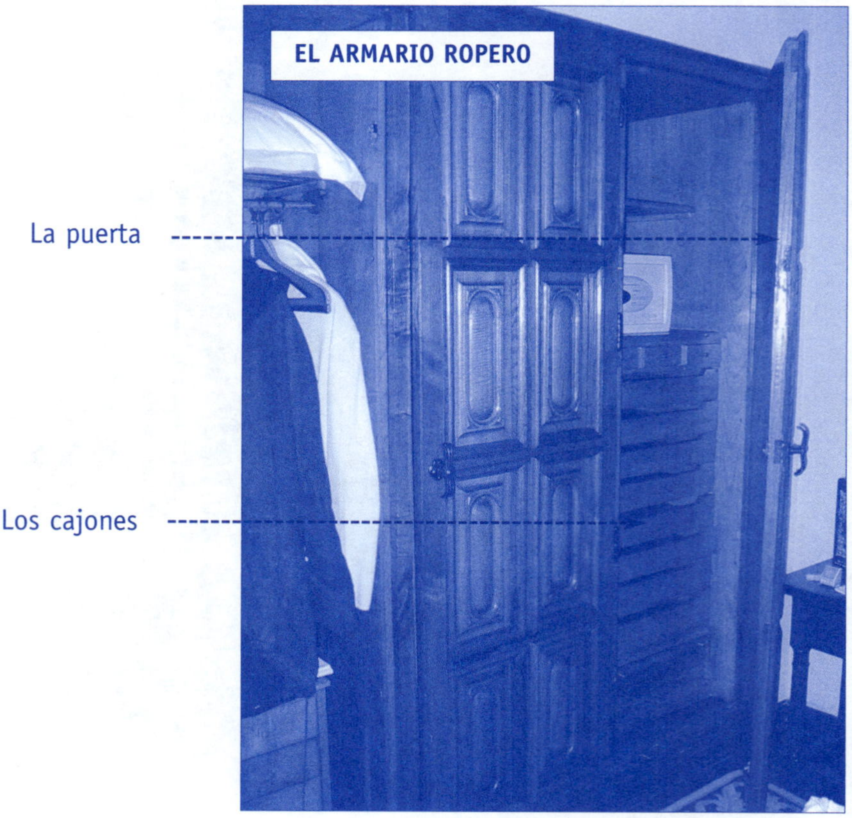

El teléfono
El lápiz
El bloc de notas
La mesa

La lámpara
La butaca
La mesa
El cenicero
El suelo

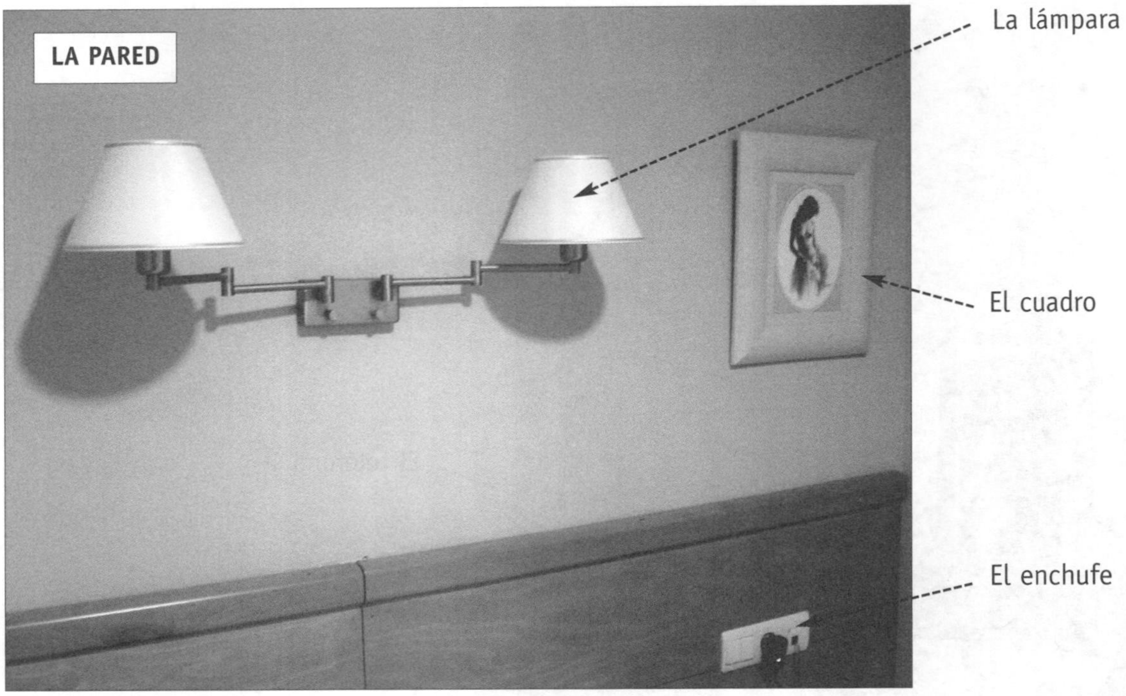
LA PARED
La lámpara
El cuadro
El enchufe

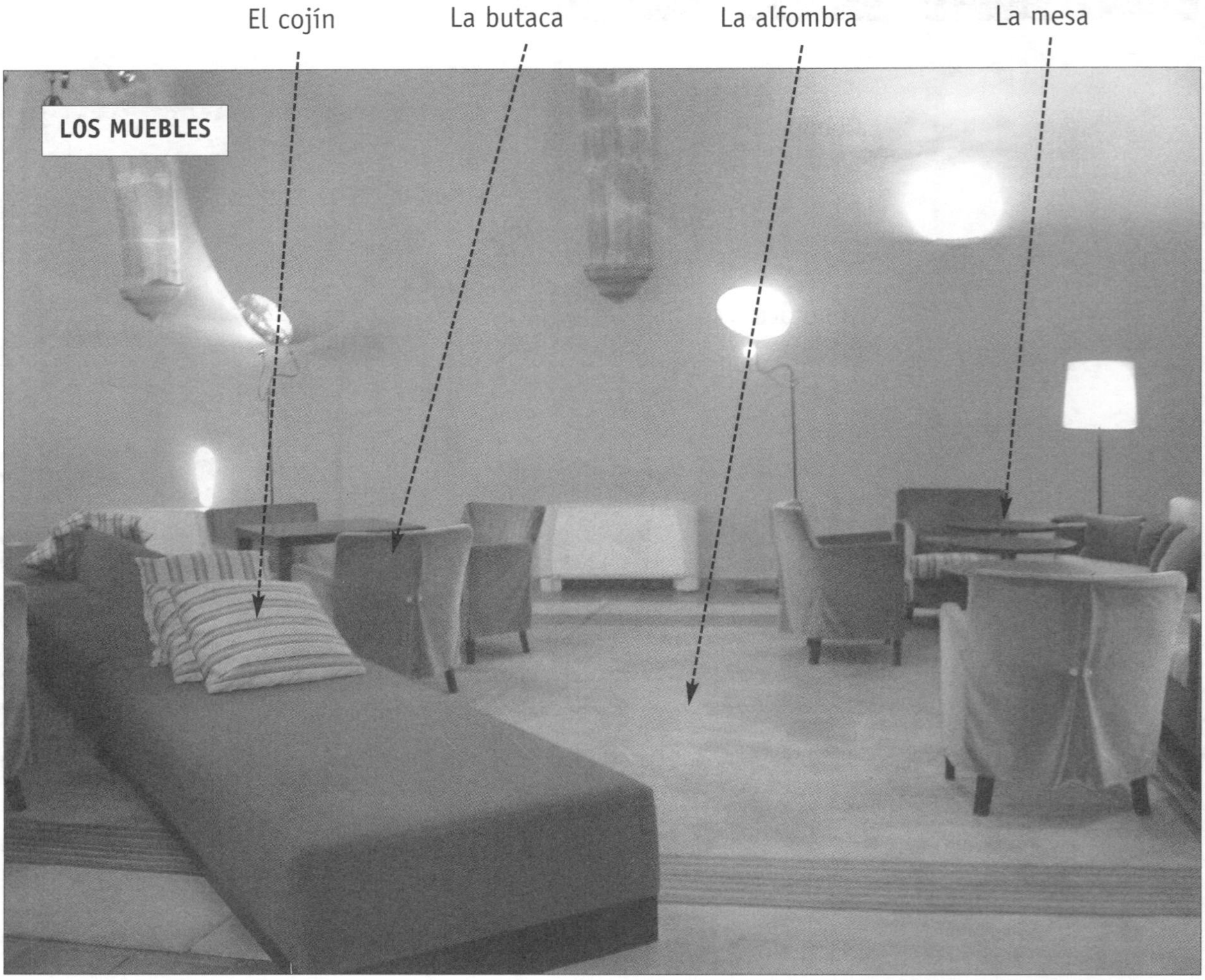
El cojín
La butaca
La alfombra
La mesa
LOS MUEBLES

El tiempo atmosférico

En la playa hace calor

(Costa de Adeje, Tenerife)

El cielo está despejado, pero hace frío

(Playa de Samil, Vigo)

La ciudad: la calle

LOS EDIFICIOS
El estadio

LA SEÑAL
TAXI
La parada de taxi

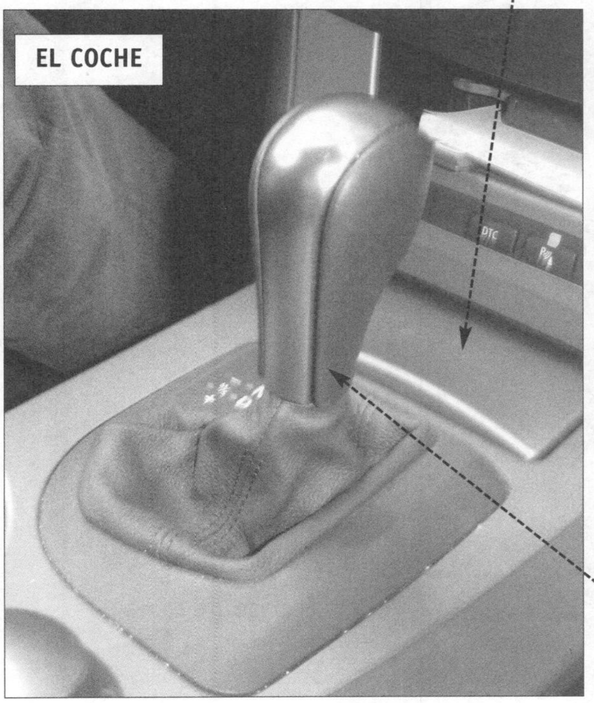
EL COCHE
El cenicero
La palanca de cambio

EL COCHE
El retrovisor
El volante
La llave

El centro comercial del Estadio Santiago Bernabeu (Real Madrid)

LOS TAXIS

EL TRÁFICO

El atasco M = "libra el martes" La matrícula

El anuncio

El asiento

La ciudad: los comercios

LA CAFETERÍA

Bandejas de plata

Collares

Pendientes

Anillos

LA JOYERÍA

Cajero automático: máquina que permite al cliente de un banco sacar dinero con la tarjeta de crédito

Las sillas

La cruz (verde) símbolo de las farmacias

La acera

ONCE: Organización Nacional de Ciegos de España. Tienen kioskos en los que venden cupones de lotería

Los libros

El escaparate

Liquidación, rebajas, descuento

El anuncio

LA PAPELERÍA
PAPELERIA
Folder
ESCRITURA

LA RELOJERÍA
RELOJERIA Casado
145 CASADO 145
ELOJERIA CASADO
SPECIALIDAD EN REPARACIÓN
DE RELOJES ANTIGUOS
PILAS EN EL ACTO

Relojes

LA PERFUMERRÍA

LA PELUQUERÍA

El cajero automático

EL DEPORTE Y EL TIEMPO LIBRE

La estatua de Dalí

Los animales

LAS OVEJAS

LA SERPIENTE

EL PERRO

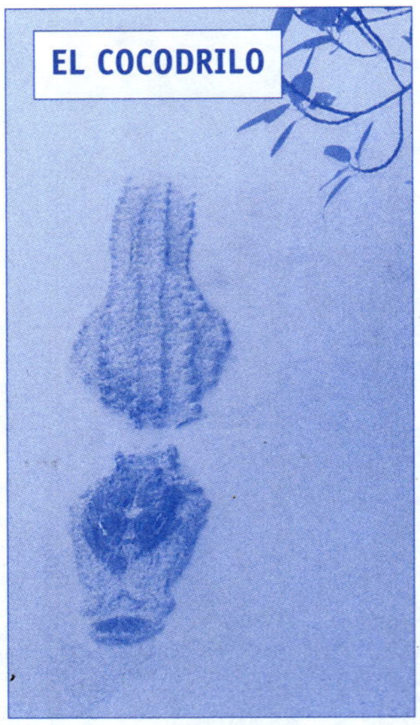

EL COCODRILO